MARCO ⊕ POLO
ÖSTERREICH

Fünf Symbole sollen Ihnen
die Orientierung in diesem Führer erleichtern:

für Marco Polo Tipps – die besten in jeder Kategorie

für alle Objekte, bei denen Sie auch eine schöne Aussicht haben

für Plätze, wo Sie bestimmt viele Einheimische treffen

für Treffpunkte für junge Leute

(106/A 1)
Seitenzahlen und Koordinaten für den Reiseatlas Österreich
(U/A 1) *Koordinaten für den Stadtplan Wien im hinteren Umschlag*
(O) *außerhalb des Stadtplans Wien*
Zu Ihrer Orientierung sind auch solche Objekte mit Koordinaten versehen, die
nicht im Reiseatlas bzw. im Stadtplan Wien eingetragen sind.

Diesen Führer schrieben Renate Wagner-Wittula
und Christoph Wagner. Beide leben in Wien und haben sich auf
Fachliteratur über Österreich spezialisiert.

Die Marco Polo Reihe wird herausgegeben
von Ferdinand Ranft.

MAIRS GEOGRAPHISCHER VERLAG

MARCO ⊕ POLO

Für Ihre nächste Reise gibt es folgende Titel dieser Reihe:

Die Marco Polo Redaktion freut sich, wenn Sie ihr schreiben: Marco Polo Redaktion, Mairs Geographischer Verlag, Postfach 31 51, D-73751 Ostfildern

Unsere Autoren haben nach bestem Wissen recherchiert. Trotzdem schleichen sich manchmal Fehler ein, für die der Verlag keine Haftung übernehmen kann.

Titelbild: Dachsteingebirge (Schapowalow: Kirsch)
Fotos: G. Amberg (37); R. Hackenberg (30); HB-Verlag (14); Lade: Wrba (7, 39); Mauritius: Hardenberg (97); Hubatka (105), Inzko (50), Mallaun (80, 86), Pigneter (65), Pronto (33); P.Santor (60, 67, 79, 84); Schapowalow: Albinger (8), Breig (4), Geiersperger (68, 76), Gritscher (29), Heaton (72), Kirsch (45), Müller (22); Schuster: Eckstein (19); A.Sperber (28); W.Storto (17); M.Strobel (40, 54); Transglobe: Janicek (20), Mallaun (88), Siebig (24)

6. aktualisierte Auflage 2001 © Mairs Geographischer Verlag, Ostfildern
Chefredakteurin: Marion Zorn
Lektorat: Jochen Schürmann
Gestaltung: Thienhaus/Wippermann (Büro Hamburg)
Kartografie Reiseatlas: © Mairs Geographischer Verlag

Printed in Germany
Gedruckt auf 100% chlorfreiem Papier

INHALT

Entdecken Sie Österreich!

Die Insel der Seligen, als die der Papst es einmal bezeichnet hat, ist Österreich gewiss nicht. Eine »selige Insel« sehr wohl

Dies Österreich ist eine kleine Welt, in der die große ihre Probe hält«, sagte der deutsche Dichter Friedrich Hebbel einmal über das Land, in dem er sich, wie inzwischen viele seiner Landsleute, besonders gerne aufhielt. Auch wenn Österreich seither von der Weltmacht zum Zwergstaat geschrumpft ist, stimmen Hebbels Worte noch immer, vielleicht sogar mehr denn je zuvor: Österreich ist – landschaftlich ebenso wie kulturell – ein Mikrokosmos. Es hat in sich mehr Geschichte und Tradition aufgesogen als so manche neureiche Großmacht. Es verfügt auf Grund seiner geografischen Lage über eine derartige Vielfalt von Landschaftsformen, wie man sie kaum in einem vergleichbar kleinen Land, aber auch selten in größeren finden wird. Ohne Österreichs kulturelles Erbe würde die abendländische Kultur um einen Mozart, einen Schubert, einen Bruckner, einen Johann Strauß, einen Franz Kafka und einen Sigmund Freud ärmer sein, um nur ganz wenige der Titanen *made in Austria* zu nennen, von denen es in Wahrheit noch viel mehr gibt (auch wenn die Österreicher beispielsweise Beethoven und Brahms nur von den Deutschen »geborgt«, beide Musiker dafür aber umso nachhaltiger eingebürgert haben). Was ist es nun aber wirklich, was diese knapp 84 000 km² Land mit seinen rund 7,5 Mio. Einwohnern zu jener »Welt im Kleinen« macht, von der Hebbel gesprochen hat? Ist es nur das imperiale Erbe der Donaumonarchie? Ist es etwa auch das Klima? Oder ist es die geografische Lage am Schnittpunkt aller Himmelsrichtungen, in der sich germanische, slawische und romanische Elemente zu einem »Melting Pot« vermischen konnten, wie man ihn sonst vielleicht nur noch in New York findet?

Gewiss spielen alle diese Gründe eine Rolle, wenn man beginnt, sich eine Art Österreich-Puzzle zusammenzusetzen.

Die Bergwelt Kärntens bezaubert das ganze Jahr. Sportbegeisterte kommen zum Skilaufen und Wandern, andere genießen einfach das mediterrane Klima

Das älteste Stückchen Österreich entstand in der jüngeren Steinkohlezeit, also vor etwa 290 Mio. Jahren. Es ist jenes alte Rumpfschollengebirge, das heute große Teile Ober- und Niederösterreichs, genauer gesagt das Mühlviertel und das Waldviertel, umschließt. Beide sind archaische Landschaften nördlich der Donau, die sich in Folge der langen, geradezu hermetischen Abgeschlossenheit durch den Eisernen Vorhang im Norden auch viel von ihrer Urtümlichkeit bewahrt haben und erst in den vergangenen Jahren allmählich vom »Durchzugstourismus« der Nord-Süd-Route erfasst wurden.

Aus der Vogelperspektive erscheint diese Landschaft wie ein monolithischer Block, der an seiner Südseite von den Donauwellen umspült wird, die so blau freilich auch wieder nicht sind, wie es uns der Strauß-Walzer »An der schönen blauen Donau« weismachen möchte, der von den Österreichern – und nicht nur von ihnen – gerne als die wahre Nationalhymne des Landes gehandelt wird.

Die Donau ist, obwohl sie genau genommen nur drei von neun Bundesländern durchfließt, der Zentralnerv, die Lebensader des Landes.

Unser kurzer einleitender Streifzug durch Österreich führt uns vom Donauland geradewegs in die drei großen österreichischen Beckenlandschaften, das Wiener, das Pannonische und das Grazer Becken. Das Wiener Becken wird vom östlichsten und wohl auch sanftesten Alpenausläufer, dem Wienerwald, geprägt. »G'schichten aus dem Wienerwald« gibt es viele, walzer- und heurigenselige vor allem, aber auch bitterböse wie etwa jene, die uns der ungarisch-österreichische Dichter Ödön von Horváth in seinem gleichnamigen Drama erzählt. Süßliches Idyll und bittere Realität lagen in Wien schon immer nahe beieinander, und der Wienerwald ist von Schubert-Liedern bis zur Tragödie im Wienerwald-Jagdschloss Mayerling fast zum Sinnbild für diese zartbittere Tönung geworden.

Dabei wäre den Wienern ihr Wald mitsamt seinen schier uferlosen Weinbergen, seinen dichten Buchenabschnitten im Norden und den Schwarzkiefern im Süden vor etwa einem Jahrhundert um ein Haar abhanden gekommen. Geschäftemacher und Spekulanten erhofften sich auf dem Höhepunkt der in ökologischer Hinsicht besonders erbarmungslosen Wiener »Gründerzeit« von der Abholzung des gesamten Baumbestandes enorme Gewinne. Seine Erhaltung ist einem Einzelkämpfer namens Josef Schöffel zu verdanken, der es durch die Mobilisierung der Bewohner von Mödling, der größten Ortschaft im Wienerwald, schaffte, den Raubbau an der Landschaft in letzter Minute zu verhindern.

In Mödling beginnt auch die Verbindungslinie vom Wiener zum Grazer Becken, die so genannte Thermenlinie. Ihr Name verrät schon, dass sie von zahlreichen warmen Quellen des einstigen Urmeeres gespeist wird, die einen besonders hohen Gehalt an Mineralien und Radioaktivität aufweisen. Baden bei Wien beispielsweise, ein fashionabler Kurort aus dem Fin de Siècle, ver-

Ziehbrunnen sind typisch für die Dörfer im Burgenland

dankt einen Großteil seines Ruhms den fünfzehn Schwefelthermen, die mit Temperaturen von bis zu 38,5 Grad Celsius aus dem Erdreich sprudeln. Bekannte Kurorte entlang der Thermenlinie, die sich hinter dem Semmering auch in der Steiermark fortsetzt, sind Bad Vöslau, Bad Fischau, Bad Schönau, Bad Waltersdorf, Bad Tatzmannsdorf, Bad Gleichenberg und Bad Radkersburg. Wobei zu den Besonderheiten der Thermenlinie keineswegs nur das heilkräftige Wasser, sondern auch eine andere, vielleicht nicht ganz so heilkräftige Flüssigkeit zählt, nämlich der Wein. An den Hängen längs der Südbahn, welche die Thermenregion durchquert, bringt er einige seiner herrlichsten Ausdrucksformen, kräftige, körperreiche Weißweine und samtig-elegante Rotweine hervor, unter anderem den weltberühmten »Gumpoldskirchner«.

Bevor wir jedoch ins Grazer Becken und damit in die Steiermark abschweifen, und weil wir schon einmal beim Wein sind, bietet sich noch ein kurzer Abstecher ins Pannonische Becken an, das mit weiten Teilen des Bundeslandes Burgenland identisch ist.

Wer jemals Österreichs hochalpine Regionen kennen gelernt hat, kann sich kaum vorstellen, dass ein kleines Gebirgsland wie Österreich auch noch Platz für eine so ganz und gar gegensätzliche Landschaft hat. Im Seewinkel östlich des Neusiedler Sees ist es so »brettleben«, wie die Einheimischen sagen, dass man bis hin zum Horizont nicht einmal eine Bodenwelle erkennen kann und die typischen Ziehbrunnen der Puszta sowie die geduckten, strohgedeckten Winzerhäuser nahezu die einzigen Erhebungen in der Landschaft zu sein scheinen.

Den eigentlichen Mittelpunkt des Pannonischen Beckens bildet zweifellos der Neusiedler See, Mitteleuropas einziger Steppensee und ein Biotop von weltweit einzigartiger Bedeutung.

Fassadenmalereien sind aus der ländlich-bürgerlichen Architektur Nordtirols nicht wegzudenken

Das 310 km² umspannende »Meer der Wiener« wird nur aus unterirdischen Quellen gespeist und entwässert über ein einziges schmales Bächlein namens Wulka. Einmal ist der See inmitten seines 130 km² großen Schilfgürtels den Burgenländern buchstäblich vor den Augen weg getrocknet. Und es gibt Prognosen, dass dies schon in den nächsten Jahrzehnten ein zweites Mal der Fall sein könnte. Es empfiehlt sich also durchaus, dem Nationalpark Neusiedler See-Seewinkel demnächst noch einen Besuch abzustatten. Man wird dafür nicht nur mit einer bezaubernden Landschaft, sondern auch mit einer europaweit einzigartigen Flora und Fauna belohnt, deren charakteristischste Vertreter die berühmten Ruster Störche sind.

Südlich des Neusiedler Sees gelangt man ins nicht mehr ganz so »brettlebene« Mittel- und Südburgenland und, ein Stückchen weiter westlich, in das von ausladenden Obstkulturen geprägte oststeirische »Joglland«, das seinen Namen Kaiserin Maria Theresia verdankt, die während einer Inspektionsreise einmal fragte, wie es eigentlich käme, dass in diesem Landstrich alle Männer Jogl hießen.

Die Oststeiermark ist eine sehr idyllische, vom Tourismus noch fast unberührte Gegend, die vor allem für ihren bunten Herbst berühmt ist. Kaum jemals erreichen die vom Mischwald bedeckten Erhebungen mehr als 600 bis 800 m. Die kleinen Flüsse mäandern durch blühende Aulandschaften.

Die sanften Hügelketten scheinen allesamt auf das Grazer Becken, die Mitte der »grünen Mark«, wie die Steiermark auch genannt wird, hinzustreben. Es verläuft nach Süden hin bis in die tief eingeschnittenen Hügelketten des Sausalgebirges (wo sich Kitzeck, Österreichs höchstgelegener Weinort, befindet) und der südsteirischen Weinstraße zwischen Eibiswald und Ehrenhausen. Diese Region wird nicht nur von glühenden Patrioten als »steirische Toskana« bezeichnet, zumal sie mit derselben nicht nur hervorragende Weine, sondern auch das Landschaftsbild gemeinsam hat.

Womit wir den Ebenen und Beckenlandschaften Lebewohl sagen und uns jenen Regionen zuwenden, für die Österreich (ähnlich wie die flächenmäßig nur halb so große Schweiz) mit Recht Weltruhm genießt – als jenes »Land der Berge«, als das es auch in der Bundeshymne besungen wird.

Österreichs Anteil an den Ostalpen verläuft in drei, durch Längsfurchen voneinander eindeutig unterscheidbaren Zonen: den Nördlichen Kalkalpen, den Zentralalpen und den Südlichen Kalkalpen, zu denen man auch noch zwei weitere Beckenlandschaften, nämlich die rund um die Osttiroler Hauptstadt Lienz und die Kärntner Landeshauptstadt Klagenfurt, rechnen muss. Letztere ist unter dem Namen Kärntner Seenplatte berühmt, die nicht nur das TV-bekannte »Schloss am Wörthersee«, sondern auch Juwele wie den Millstätter, den Faaker und den Ossiacher See sowie zahllose »geheime Seen« birgt. Die sind freilich – wie etwa der Pressegger oder der Keutschacher See – dank ihrer unleugbaren Beliebtheit bei den Feriengästen gar so geheim heute nun auch nicht mehr.

Die Nördlichen Kalkalpen beginnen am Rhein und verlaufen in vielerlei Ketten und Zinnen über den Arlberg, das Tiroler Stanzertal, den Inn, die Salzach und die Enns entlang über das steirische Mur- und Mürztal bis hin zum Semmering und zu den letzten Alpenerhebungen, die bereits auf Wiener Stadtgebiet liegen: Leopoldsberg, Kahlenberg und Lainzer Tiergarten. Zu den absoluten »Highlights« dieses Teiles der Alpen zählen zunächst einmal die Karwendelkette und das Zillertal in Tirol. In ihrem Herzen sind auch die berühmten Krimmler Wasserfälle im Salzburger Pinzgau, eines von Österreichs bedeutenden Naturwundern, gelegen. Und schließlich breitet sich rund um den Dachstein das weltberühmte Salzkammergut aus, jenes Gebiet, wo man, wie das Volkslied weiß, »gut lustig sein« kann. Was offenbar auch schon Kaiser Franz Joseph wusste, der den Kurort Bad Ischl zu seiner Sommerresidenz ausbauen ließ und damit der Seenplatte rund um Attersee, Traunsee, Hallstätter See, Mondsee und Wolfgangsee (um nur die Wichtigsten zu nennen) den imperialen Glanz verlieh, der an den Uferstegen und Seepromenaden zwischen Gmunden und St. Gilgen noch immer allgegenwärtig ist. Auch wenn heute nur noch die wenigsten Österreicher Monarchisten sind, hat das kaiserliche Image Wesen und Persönlichkeit der Bewohner entscheidend geprägt.

Wenn in Wanderliedern von »herrlichen Bergen und sonnigen Höhen« die Rede ist, so den-

---

Die Marco Polo Bitte

Marco Polo war der erste Weltreisende. Er reiste in friedlicher Absicht, verband Ost und West. Er wollte die Welt entdecken, fremde Kulturen kennen lernen, nicht zerstören. Könnte er heute für uns Reisende nicht Vorbild sein? Aufgeschlossen und friedlich sollte unsere Haltung auf Reisen sein. Dazu gehören auch Respekt vor Mensch und Tier und die Bewahrung der Umwelt.

ken die Österreicher freilich vor allem an die Zentralalpen. In ihrem Verlauf findet man nämlich die höchsten und beeindruckendsten Gipfel, die längsten Gletscherzungen, die imposantesten Kletterpartien und die schönste Alpenflora. Das Kernstück dieser Gebirgsformation ist das im Norden von Salzach und Inn, im Süden von Drau und (in Südtirol) Eisack begrenzte »Tauernfenster« zwischen Brenner und Matrei, das seinen Namen der geologischen Besonderheit dieses Ensembles verdankt. Hier ragen viele Gipfel auf, die das Herz jedes Bergsteigers und Skifahrers höher – und immer noch höher – schlagen lassen. Da ist zunächst einmal der Großglockner, der höchste Berg Österreichs, auf den die Glockner-Hochalpenstraße, die wohl berühmteste Bergstraße der Alpenrepublik, führt. Rundherum leuchten die Gipfel der Zillertaler Alpen, des Großvenediger- und des Sonnblick-Ankogel-Massivs, während sich tief unten im kristallinen Gestein die Autokolonnen träge durch den Tauerntunnel längs der Nord-Süd-Route von Deutschland nach Italien bewegen.

Westlich des »Tauernfensters« erstrecken sich die Silvretta und die Ötztaler Alpen mit der Wildspitze, dem höchsten Berg Tirols. Ostwärts verlaufen die Zentralalpen längs der rundkuppigen Nockberge über das Kärntner Lavanttal bis hin zum Wechselgebirge, in dem Ludwig Wittgenstein seinen weltberühmten »Tractatus logico-philosophicus« verfasste. Weiter geht's hinein in die so genannte »Bucklige Welt« und ins Pannonische Becken, in

welches – als östlichste Zentralalpenausläufer – das im Sommer von violetten Salbeiblüten übersäte Rosaliengebirge und die von ausladenden Weingärten bestandenen Hänge des Leithagebirges hineinragen.

Diese kleine *Tour d'horizon* durch Österreich hat gewiss eines gezeigt: Über den sprichwörtlichen Leisten schlagen lassen sich Österreichs neun Bundesländer – Wien, Burgenland, Niederösterreich, Oberösterreich, Salzburg, Steiermark, Kärnten, Tirol und Vorarlberg – beileibe nicht. Was ließe sich beispielsweise Gegensätzlicheres vorstellen als das Leben eines Osttiroler Bergbauern und jenes der an ihrem leicht näselnden, auch Schönbrunnerdeutsch genannten Hochdeutsch erkennbaren Bewohner der Wiener Nobelbezirke Hietzing, Döbling und Sievering? Gewiss hat sich das Erscheinungsbild Österreichs seit der Kaiserzeit gewaltig geändert. Aus einem Bauern- und Beamtenstaat (in dem die Bauern 90 Prozent der Bevölkerung ausmachten) ist ein Industrie- und Fremdenverkehrsland geworden, das sich gleichwohl ein gewisses bäuerliches Element bis heute bewahrt hat. Die Dorf- und Flurformen haben sich gottlob weitestgehend erhalten, ob im Burgenland, wo nach wie vor die charakteristische Form des lang gezogenen Gassen- und Straßendorfs vorherrscht, oder in den vor allem für die Tiroler Bauweise charakteristischen Haufendörfern, in denen enge Gässchen und winkelige Dorfstraßen einem kompakten Häusermosaik zu Grunde liegen.

Auch die traditionelle bäuerliche Architektur ist – aller pseudohistorisierenden »Lederhosenbauweise« zum Trotz – in vielen Dörfern und Tälern Österreichs bis heute erkennbar geblieben.

»Die Wohnungen des Volkes sind die treuesten Verkörperungen seiner Seele«, hat der österreichische Heimatdichter Peter Rosegger einmal gemeint. Und wer die heute noch das Landschaftsbild prägenden stolzen Vierkanthöfe des Innviertels, die wie Trutzburgen wirkenden Kärntner Ringhöfe oder die zahlreichen sprechenden Giebelzeichen auf den Dächern mit ihrer volkstümlichen Symbolik vom heidnischen Hunde- und Pferdekopf bis zum christlichen »Auge Gottes« betrachtet, der wird dem Schriftsteller Rosegger gewiss Recht geben.

Von der Volkskultur ist es in Österreich oft nur ein kleiner Schritt zur so genannten »Hochkultur«. Viele große Kunstwerke – ob die bedeutenden Schnitzaltäre von Kefermarkt und St. Wolfgang oder der langsame Satz in Beethovens »Pastorale« – fußen auf volkskulturellen Elementen. So manche großartige barocke Wallfahrtskirche verdankt, wie etwa die Basilika Mariazell, ihre Existenz einem roh behauenen Holzstück, dem irgendein Herrgottsschnitzer vor fast einem Jahrtausend die reichlich groben Züge einer Madonna verlieh.

Ohne tief verwurzelte Volksfrömmigkeit wäre Österreichs Kultur ebenso wenig denkbar wie ohne das Haus Habsburg. Seit fast einem Jahrtausend hat sich der österreichische Alltag im viel zitierten Dreieck aus Gott, Kaiser und Vaterland abgespielt, das heute gewiss längst der Vergangenheit angehört, aber ebenso gewiss zum Verständnis dessen beiträgt, was der österreichische Psychiater und Sigmund-Freud-Schüler Erwin Ringel einmal als »österreichische Seele« bezeichnet hat.

»Der Österreicher denkt sich sein Teil und lässt die anderen reden«, heißt es in Schillers Drama »Wallenstein«. Und dieser Satz umreißt genau den typisch österreichischen Hang zur »Wurschtigkeit«, der seine Wurzeln im obrigkeitsstaatlichen Denken des Habsburgerreiches hat. Umgekehrt war der Österreicher, der ja immerhin »den Kaiser gestellt« hat, im Gegensatz zu manchem Vasallenvolk niemals ein Unterdrückter. Und er hat daher, bei aller »Wurschtigkeit«, auch einen klammheimlichen Hang zum Größenwahn, der sich in großen Kulturleistungen, aber ebenso in katastrophalen Irrtümern manifestiert.

Bei alledem sind Österreicher vor allem eines: nämlich rundum gastfreundliche Menschen. Im Laufe ihrer Geschichte haben sie gelernt, mit Menschen, die – ob Freund oder Feind – aus allen Himmelsrichtungen in die Metropole Wien strömten, umzugehen und jenes Gefühl, das als »Gemütlichkeit« sogar in den angelsächsischen Sprachraum Eingang gefunen hat, mit ihnen zu teilen. Manchmal aus durchaus aufrichtigen Motiven, manchmal, damit die Zeit vergeht, und gar nicht so selten auch deswegen, weil die Österreicher erkannt haben, dass man davon ganz gut leben kann.

Geschichtstabelle

ca. 12 000 v. Chr.
Erster Nachweis menschlicher Besiedlung durch den Fund eines Feuerfaustkeils im Kremstal

15 v. Chr.
Unter Kaiser Augustus wird Noricum eine römische Provinz, der Osten des Reiches wird der Provinz Pannonien einverleibt

488
Odoaker löst als Nachfolger des römischen Kaisers die staatsrechtliche Bindung Noricums an Rom auf

976
Der Name Ostarrichi – Österreich – wird erstmals urkundlich erwähnt. Die Babenberger werden Grafen der Ostmark und verlegen ihre Residenz von Melk zunächst nach Tulln und schließlich – 1150 – nach Wien

1156
Österreich wird unter Heinrich II. Jasomirgott zum Herzogtum erhoben. Die Steiermark gelangt durch Erbschaft zum Babenbergerreich

1246–73
Nach dem Aussterben der Babenbergerlinie tritt ein Interregnum ein. 1273 wird Rudolf von Habsburg zum deutschen König gewählt und besiegt Ottokar von Böhmen 1278 in der Schlacht am Marchfeld

1282
Rudolf belehnt seine Söhne mit Österreich, das in der Folge über 600 Jahre unter der Herrschaft des Hauses Habsburg verbleibt

1493
Kaiser Maximilian I. eint die zwischenzeitlich geteilten österreichischen Länder unter einer gemeinsamen Führung und vertreibt die Ungarn aus Österreich

1519
Karl V., Maximilians Enkel, wird deutscher Kaiser

1522
Machtteilung zwischen Karl V. und seinem Bruder Ferdinand I., der die deutschen Erblande erhält und 1558 ebenfalls Kaiser wird

1529
Erste – erfolglose – Türkenbelagerung Wiens

1683
Die zweite Wiener Türkenbelagerung unter Kara Mustafa wird zurückgedrängt

1740
Maria Theresia besteigt den Thron und verteidigt ihr Territorium erfolgreich im Österreichischen Erbfolgekrieg. Sie muss zwar Schlesien an Preußen abtreten, gewinnt aber dafür Bayern und das oberösterreichische Innviertel

1780
Nach dem Tod Maria Theresias entwickelt sich ihr Sohn Josef II. zum aufgeklärtesten unter allen Habsburgerkaisern. Das 1781 von ihm erlassene

Toleranzedikt garantiert die Freiheit der Religionsausübung. Unter seiner Herrschaft kommt es zur Aufhebung und Säkularisierung vieler Klöster

1805
Napoleon besetzt Österreich

1806
Kaiser Franz II. legt die römisch-deutsche Kaiserkrone nieder

1848
Die Märzrevolte zwingt Metternich zum Rücktritt und Ferdinand I. zur Abdankung zu Gunsten seines erst 18-jährigen Neffen Franz Joseph I., der das Reich bis 1916 regiert

1867
Die Doppelmonarchie Österreich-Ungarn wird als Zusammenschluss zweier unabhängiger Staaten unter einem gemeinsamen Herrscher gegründet

1914
Die Ermordung von Thronfolger Franz Ferdinand in Sarajewo löst den Ersten Weltkrieg aus

1916
Nach dem Tod Kaiser Franz Josephs besteigt dessen Großneffe Karl I. – als letzter Habsburger – den Thron

1918
Nach dem Zusammenbruch der Donaumonarchie wird die Erste Republik ausgerufen. Die Friedensverträge von St-Germain besiegeln die bis heute gültigen österreichischen Grenzen. Das Burgenland wird Österreich zugesprochen, Südtirol geht dafür an Italien verloren

1938
Nach zahlreichen bürgerkriegsartigen Unruhen während der Ära des so genannten »Austrofaschismus« besetzt Hitler das nunmehr Ostmark genannte Österreich und lässt sich das »Ja« zum Anschluss durch eine manipulierte Volksabstimmung bestätigen

1945
Nach dem Zweiten Weltkrieg wird Österreich in vier von den alliierten Besatzungsmächten USA, Sowjetunion, Großbritannien und Frankreich verwaltete Zonen aufgeteilt

1955
Nach Abschluss des Staatsvertrages wird Österreich zum unabhängigen, »immer während neutralen« Staat, der auch in die Vereinten Nationen aufgenommen wird

1964 und 1976
Innsbruck steht bei zwei Olympischen Winterspielen im Brennpunkt der Sportwelt

1995
Österreich wird vollwertiges Mitglied der EU und Drehscheibe für die Ostöffnung

1999
Nach 30 Jahren sozialdemokratischer Regierung übernimmt unter großem internationalem Aufsehen eine Mitte-rechts-Koalition unter Beteiligung von Jörg Haiders FPÖ die Regierung. Die von der EU verhängten Sanktionen werden nach einem halben Jahr wieder aufgehoben

Von Adel bis Wintersport

*Einige Codewörter, um die österreichische
Seele zu knacken*

Adel

In Österreich wurde der Adel – im Gegensatz zu Deutschland – nach dem Ende der Monarchie abgeschafft, und im Grunde genommen ist es gesetzlich verboten, einen Adelstitel zu führen. Dennoch weiß selbstverständlich jeder Österreicher nicht zuletzt durch regelmäßige Berichterstattung in den Tratschkolumnen genau darüber Bescheid, was sich im heimischen Hochadel so tut. Herbert von Karajan ist beispielsweise zeit seines Lebens nicht dafür belangt worden, dass er seinen Adelstitel auch tatsächlich führte. Und die Beisetzung von Exkaiserin Zita, die auf ihre Thronrechte bis zu ihrem Tod nicht verzichtete, geriet gar zum inoffiziellen Staatsakt vor der Kapuzinergruft, obwohl es offiziell eine reine Privatveranstaltung war.

Wenn im seit jeher leicht verklemmten Österreich etwas verboten ist, bekommt es gerade dadurch erst seinen eigentlichen Reiz. Und in gewisser Hinsicht gilt das auch für das Verhältnis der Österreicher zur Aristokratie: Man beteuert zwar, nichts vom Adel zu halten, spricht jedoch ununterbrochen davon, meist sogar durchaus mit Respekt. Nur notorische Monarchistenfresser halten Adel hier für Jauche. Und das, obwohl die Jauchegrube im österreichischen Dialekt tatsächlich »Adlgrub'n« heißt.

Almabtrieb

In der Zeit von Mitte September bis Mitte Oktober treiben es die Älpler ziemlich bunt. Nach mühevollem Zusammentrieb wird das Almvieh von den Sommerweiden wieder zurück ins Tal gebracht. Ist im Sommer kein Unheil auf der Alm geschehen, so sind Senner und Sennerinnen in Festlaune, und das Vieh wird prächtig geschmückt, in Österreich sagt man »aufgebuscht« oder »aufgekranzt«. In manchen Orten wird nicht nur das Vieh bekränzt, sondern auch die Hütebuben, die dann bunte Papier-

Die zauberhafte Winterlandschaft der Alpen bietet nicht nur rasante Abfahrtspisten, sondern auch idyllische Langlaufloipen

blumenkränze um ihre Hüte flechten, um damit allfällige böse Geister zu verscheuchen.

Beisl

Die Wiener Küche – und auch die des Umlandes – ist untrennbar mit dem aus dem Jiddischen stammenden Begriff Beisl verbunden. Was ursprünglich so viel wie »kleines Häuschen« bedeutete, ist längst ein unverzichtbarer Bestandteil des Wiener Soziallebens geworden. Kurzum: das kleine Familienwirtshaus ums Eck, in dem man zu günstigen Preisen echte Hausmannskost erwarten darf und wo man sicher sein kann, kaum jemals einen Touristen, sondern überwiegend Einheimische anzutreffen, die meist sogar aus dem »Grätzl« (Häuserblock) stammen, in dem sich das Beisl befindet.

Fasnacht

Sosehr sich das Fasnachts- und Faschingsbrauchtum in Ostösterreich in Grenzen hält, so üppig wuchernde Blüten treibt es im Alpenraum. In Tirol beispielsweise bricht die »große Zeit« des Fasnachttreibens alle Jahre wieder an, wenn sich zum Faschingskehraus in den engen Gassen der Tiroler Städte die Masken zu ihrem bunt-schaurigen und vor allem durch zahlreiche Glocken und Schellen recht lautstarken Stelldichein treffen.

Was ursprünglich der Partnerfindung auf dem Lande dienen sollte, ist heute längst zur beliebten Fremdenverkehrsattraktion geworden: Beim jährlichen »Mullerlaufen« in und um Innsbruck treffen sich die wilden »Huttler« und »Zottler«. Das berühmte »Schleicherlaufen«, das alle fünf

Jahre in Telfs stattfindet, beeindruckt vor allem durch die meterhohen, kunstvollen Hutbauten der Läufer. Auch das von Hexen und »Sacknerinnen« dominierte Imster Schemenlaufen findet nur alle vier Jahre statt, im Gegensatz zum alljährlichen »Wampelerreiten« von Axams, bei dem die Burschen des Ortes mit ausgestopften Oberteilen durch den Ort ziehen und die Mädchen anmachen. Der volkskundliche Höhepunkt der Tiroler Fasnacht ist schließlich das berühmte, allerdings ebenfalls nur in unregelmäßigen Abständen stattfindende »Schellerlaufen« in Nassereith, als dessen Höhepunkt das bekannte »Bärenspiel« gilt, der Kampf zwischen Bärentreiber und Bär – nämlich zwischen Sommer und Winter.

Nicht minder farbenfrohe Fasnachtsbräuche gibt es im Salzburger Pongau, wo sich, etwa in Badgastein oder St. Johann, die Spiegel-, Tafel- und Kappenperchten oder die berühmten Rauriser Schnabelperchten zum »Glück und Segen« bringenden Umzug treffen. Im steirischen Bad Aussee stehen die »heiligen drei Faschingstag« im Zeichen eines »Faschingsgerichtshofes«, der von Flinserldamen und -herren immer dann aufs Heftigste akklamiert wird, wenn es gegen die Honoratioren und Würdenträger geht. Im oberösterreichischen Salzkammergut schließlich sind es die Glöckler von Ebensee, die um die Faschingszeit mit bis zu 15 kg schweren Glöcklerkappen das Bild der Straßen und Gassen prägen.

Und schließlich sei, obwohl es sich dabei nicht so ganz um altes

Traditionspflege: In festlicher Tracht zur Kirchweih bereit

Brauchtum, sondern um eine – in ganz Österreich dafür ungemein populäre – Kopie des Mainzer Karnevals handelt, der alljährlich auch vom Fernsehen übertragene Villacher Fasching erwähnt, ein karnevalistisch-kabarettistisches Ventil gegen allen Politfilz und -unrat, der gewiss Stoff für mehr als nur eine Karnevalssitzung gibt.

Fiaker

Er ist das Wien-Klischee schlechthin und doch mehr als nur ein Klischee. Der Wiener Fiakerkutscher, meist ausgestattet mit üppig wucherndem Backenbart, Melone und einer karierten Weste mit Silberknöpfen, hat – so will es die Fama – larmoyant »dahinzugranteln«, solange er nur die »Herrschaft« als eine solche behandelt. Wiens berühmtester »Fiaker« war der Bratfisch, der Leibkutscher des unglücklichen Kronprinzen Rudolf. Und wie er sehen auch heute noch fast alle Fiaker aus, wenn sie mit den offenen oder geschlossenen Kutschen durch die engen Gassen der Wiener Innenstadt rattern und, ganz comme il faut, beim »Gustl Bauer«, dem Fiakerwirt in der nadelöhrförmigen Drahtgasse, kurz auf ein Krügel Bier halten, von dem auch die Rösser manchmal mitkosten dürfen. »Nichts ist in Wien so resistent wie Legenden«, hat der Dichter Friedrich Torberg einmal gesagt. Und welche Legende wäre resistenter als die des Wiener »Fiakers«, den es übrigens, nebenbei bemerkt, ganz genauso in Linz, Graz, Salzburg oder Innsbruck gibt.

Kaffeehaus und Konditorei

Das Wiener Kaffeehaus gilt als schönste Möglichkeit, die eigenen vier Wände ins Unendliche hinaus zu verlängern. »Nicht zu Hause und doch nicht an der frischen Luft« fühlten sich hier seinerzeit die so genannten Wiener Kaffeehausliteraten von Peter Altenberg bis Karl Kraus, die ihre boshaften Aperçus über das angeblich so goldene Wienerherz nicht selten auf Kaffeehausrechnungen kritzelten.

Das Wiener Kaffeehaus begann als Legende und ist bis heute eine solche geblieben. Es war keineswegs, wie häufig erzählt wird, der armenische Kundschafter Kolschitzky, sondern dessen wesentlich weniger bekannter Landsmann Diodat, der mit Hilfe von türkischen Kaffeesäcken, die von der Belagerung Wiens übrig geblieben waren, das Wiener »Urcafé« begründete. Seither wurden die Kaffeehäuser Kristallisationspunkte des öffentlichen Lebens. Allein in Wien gibt es an die 200 davon. Zu einem »echten« Wiener Kaffeehaus zählen neben einem so genannten »Ober«, der nebenbei auch ein veritabler Psychiater sein muss, eine große Auswahl nationaler und internationaler Zeitungen, ein anständiges Frühstück mit Kipferln und weichem Ei oder Eiern im Glas, vor allem aber ein entsprechender Facettenreichtum an Kaffeespezialitäten. In einem Wiener Kaffeehaus einfach Kaffee zu bestellen wird gewöhnlich entweder als Impertinenz oder als völlige Unbedarftheit betrachtet. Sie sollten also, auch als ungelernter Kaffeehausbesucher, zumindest zwischen einem *kleinen Braunen*, einem *großen Braunen*, einer *Melange* (verlängerter Milchkaffee), einem *Schwarzen* (Espresso) oder einem *Einspänner* (einem Espresso mit Schlagobers im durchsichtigen Glas) unterscheiden können.

Typische Wiener Kaffeehäuser gibt es übrigens nicht nur in Wien (z. B. Landtmann, Dommayer, Sperl etc.), sondern etwa auch in Linz (Traxlmayer), Salzburg (Bazar) und Innsbruck (Central). Das Kaffeehaus darf man nicht mit der Konditorei (Zuckerbäcker) verwechseln. Zwar gibt es auch im Kaffeehaus süße Leckereien wie Topfengolatschen oder Nusskronen, doch wer die legendäre österreichische Tortenauswahl von der Sachertorte über die Malakofftorte bis zur Dobos- oder Panamatorte verkosten will, der tut besser daran, eine der legendären österreichischen Konditoreien (Demel und Kurkonditorei Oberlaa in Wien, Zauner in Bad Ischl, Kolloini in Villach, Ratzka in Salzburg oder Wrann in Linz) aufzusuchen.

Kirtag (Kirchweih)

Nahezu jede ländliche Gemeinde in Österreich veranstaltet, häufig zum Patroziniumsfest des örtlichen Kirchenschutzpatrons, einen so genannten »Kirtag«. Darunter versteht man hier zu Lande ein Volksfest von lokalem Charakter, das zwar mit dem Kirchgang, einer Feldmesse und feierlichem Böllerschießen oder einer Prozession beginnt, danach aber sehr schnell vom Geistlichen ins Weltliche abgleitet.

Abgesehen von den Namenstagen der Kirchenpatrone gilt auch der dritte Sonntag im Oktober allgemein als »Landkirtag«. Die »Kirchweih« ist untrennbar mit dem Aufmarsch örtlicher Blasmusikkapellen oder Schützenverbände sowie mit einem Böllerschießen verbunden. Dass Tanz, Bier, Würste und Brathühner ein unbedingtes Muss sind, braucht wohl nicht extra betont zu werden.

Marterln und Bildstöcke

Es müssen im katholischen Österreich keineswegs immer

Zeugnis christlicher Kultur geben auch einfache Bauernhäuser

Karawanken <mark>berühmteste Bildstock Österreichs</mark> befindet sich in Egg am Faaker See.

Walzer

Dem Walzer kommt in Österreich ein ähnlicher Stellenwert zu wie dem Tango in Argentinien. Ihn zu beherrschen und die wichtigsten Walzer wie etwa den Donau- oder den Kaiserwalzer auswendig zu kennen gehört gewissermaßen zum Bildungsgut. Die hohe Schule des Wiener Walzers ist das alljährlich via TV in alle Welt übertragene Neujahrskonzert. Die Brillanz, mit der die besten Dirigenten die Klippen des Dreivierteltaktes mehr oder weniger »walzerselig« umschiffen oder auch nicht, sorgt in Österreich für Gesprächsstoff.

Wintersport

Wer in Österreich nicht wedeln kann, muss zumindest sonst irgendetwas für Wintersport übrig haben – und sei es auch nur eine Superkondition beim Après-Ski. Genießt doch der Wintersport auch bei den Einheimischen größte Wertschätzung. Immerhin ist der Wintertourismus in den alpinen Regionen nach wie vor die Haupteinnahmequelle, auch wenn sich in den letzten Jahren verstärkter Unmut über den durch neue Lifttrassen verursachten Kahlschlag und die damit verbundenen ökologischen Gefahren breit gemacht hat. Mit verschärften Auflagen versucht man nunmehr in den Wintersportgebieten – Arlberg, Hohe Tauern, die Salzburger Sportwelt Amadé, die Kärntner Nockberge oder die Ötztaler Alpen zählen zu den bevorzugten –, den »sanften Tourismus« zu forcieren.

nur die eindrucksvollen gotischen Kathedralen wie der Stephansdom oder Barockstifte wie Melk, Göttweig und St. Florian sein, die auf hohem künstlerischem Niveau die uralte Tradition der christlichen Kultur des Landes bezeugen. Hier findet man auch fast überall im Land Wegkreuze, Bildstöcke und Kapellen, die manchmal bis in romanische Zeiten zurückreichen. Besonders vielfältig sind diese »steinernen Monstranzen« in Kärnten, wo es über 1400 solcher Bildstöcke und Kleinheiligtümer gibt; ihr wahrer Sinngehalt reicht bereits in vorchristliche Zeit zurück. Sind sie doch vor allem Produkte heidnischer Dämonenfurcht, die allmählich von christlicher Symbolik überlagert wurde. Der nicht zuletzt wegen seiner Aussicht auf einen der herausragenden Berge der

Wiener Küche und ländliche Schmankerl

Die Wiener Küche zählt nach wie vor zu den besten der Welt.
Doch sie ist nicht identisch mit der österreichischen

Essen

Die Wiener Küche ist ungefähr so alt wie der Wiener Kongress, zu dem sich nach dem Sturz Napoleons Diplomaten und Staatsoberhäupter aus allen europäischen Ländern versammelten, um wieder Ordnung in den zerrütteten Kontinent zu bringen. »Der Kongress tanzt«, sagte man damals, nicht ganz ohne Ironie. Und wenn gerade einmal nicht getanzt wurde, so wurde – nein, nicht in erster Linie verhandelt, sondern zunächst einmal ausgiebig getafelt.

Die Wiener Küche ist die einzige der Welt, die nicht nach einem Land, sondern nach einer Stadt benannt ist. Die Pariser Küche hat sich stets der französischen und die Mailänder Küche der italienischen untergeordnet. Die österreichische Küche genießt indessen kaum einen internationalen Ruf, die Wiener Küche sehr wohl.

Und das, obwohl die Wiener Küche alles andere denn eine originäre Stadtküche ist. Ganz im Gegenteil: Die Wiener Küche ist, etwas boshaft ausgedrückt, ein Kochtopfdieb, denn sie sammelte aus den entlegensten Winkeln der alten Donaumonarchie die hervorragendsten Köstlichkeiten aus fremden Töpfen und gab dieses schmackhafte Sammelsurium kurzerhand als typisch wienerisch aus.

So kommt es, dass das ungarische Gulasch, die böhmischen Mehlspeisen, das als »Wiener Schnitzel« kurzerhand abgekupferte »Scaloppina milanese«, der türkische Strudel, das als Reisfleisch adaptierte italienische Risotto und der von den galizischen Juden eingeführte gesulzte Karpfen allesamt als unverwechselbare Bestandteile der Wiener Küche gelten. Nur der Tafelspitz – das gekochte Gustostückerl vom Rindfleisch – gilt als echtes Wiener Mittagessen, obwohl selbst er eine verräterische Ähnlichkeit mit Italiens »Bollito misto« aufweist.

Doch die Wiener Küche ist ganz und gar nicht gleichbedeutend mit der österreichischen Küche. Und eine österreichische Küche gibt es im Grunde so we-

Die Kaffeehäuser sind legendär

nig, wie es eine italienische Küche gibt. Die eine wie die andere ist ein Konglomerat von Landesküchen, eine Küche der Regionen also, die allenfalls durch so manche lockere kulinarische Klammer zusammengehalten werden. Gewissermaßen leitmotivisch vernimmt man in dieser kulinarischen Symphonie das Quartett von Sterzen, Nockerln, Knödeln und Schmarren, die in unterschiedlichen Variationen die Physiognomie von Österreichs Tafeln bestimmen.

Die alpenländische Küche ist darüber hinaus – und das mag angesichts sämtlicher bekannten Statistiken, die die Österreicher als ein Volk von klassischen Schweine- und Rindfleischverzehrern ausweisen, als Paradoxon erscheinen – eine im Grunde ihres Wesens vegetarische. Man mag berechtigterweise die Frage stellen, ob sie dies aus Überzeugung oder aus Not ist. Wer indessen die zahlreich erhalten gebliebenen Speisepläne alter Höfe, Pfarrhäuser und Klosterküchen studiert, wird bemerken, dass das Fleisch dort eine eher untergeordnete Rolle spielte. In den meisten Fällen blieb der Fleischgenuss den hohen Feiertagen vorbehalten.

Umgekehrt spielt auch das Gemüse in den alten österreichischen Rezepten nur eine eher nebensächliche Rolle. Der überwiegende Teil der mehreren Hundert Rezepte, die der Kulinarhistoriker Franz Maier-Bruck in seinem bis heute gültigen Standardwerk »Vom Essen auf dem Lande« gesammelt hat, widmet sich den Feldfrüchten im weitesten Sinne des Wortes und dann selbstredend den Milchprodukten.

Fleischgerichte spielen vor allem bei der Vorratshaltung, beim Suren und Selchen oder der Verarbeitung in Form von Sulzen (der österreichischen Antwort auf die französischen

Die Sonne und ein »Vierterl« im Freien genießen

22

Pasteten), eine Rolle. Und dann ist da auch noch der allgegenwärtige Speck, dem freilich niemals die Wertigkeit eines selbstständigen Gerichts zukommt, sondern der stets nur eine geschmacksverstärkende, unterstreichende Funktion in an sich fleischlosen Gerichten hat. Speck – das bedeutete das bisschen Wohlstand, den »kleinen Kreuzer mehr«, den man für besondere Anlässe auszugeben gewillt war. Speck unterschied karge von besseren Zeiten und arme von etwas besser gestellten Bauern.

Die kulinarische Phantasie, die in diesem Volk steckt, suchte sich hier zu Lande andere Bahnen, um sich entwickeln zu können. Ihr verdanken wir eine schier unüberschaubare Palette von Suppen, von der Leberknödel- über die Gulasch- bis zur Fischbeuschlsuppe, die im ländlichen Österreich oft auch als Hauptgerichte verstanden und vor allem in früheren Zeiten auch schon zum Frühstück gelöffelt wurden.

Dem nämlichen Ideenreichtum ist auch ein verschlungenes Labyrinth von Brauchtumsgebäcken und Mehlspeisen zuzuschreiben, die allesamt auf die eine oder andere Weise miteinander »verschwägert« sind, aber für die jeweilige Region durchaus den Status originärer Unikate beanspruchen dürfen. Dass die österreichische, zumal die Wiener Küche vor allem eine »Mehlspeiskuchl« ist, nein, keine Kuchl, sondern ein wahrer Mehlspeishimmel, der voller Torten, Buchteln, Kringeln, Strudeln, Stollen und Schlagsahne hängt, das soll an dieser Stelle nicht verschwiegen werden.

Trinken

Böse Zungen meinen angesichts der Trinkfreudigkeit der Österreicher, dass Wien nur ein Druckfehler sei und eigentlich Wein heißen müsste. Und wenn man sagt, dass Österreich eines der weinseligsten Länder der Welt sei, so wird das sicherlich jeder nachvollziehen können, der jemals in einer der Buschenschenken am Fuße des Wiener Nussberges oder in der Wachau seinen Schoppen getrunken hat, der hier zu Lande liebevoll »Viertel« genannt wird.

Das alles soll jedoch nicht darüber hinwegtäuschen, dass Österreich im Grunde genommen ein Bierland ist und dass der Österreicher im Landesdurchschnitt mehr als dreimal so viel Bier als Wein trinkt – wobei er vor allem von den deutschen Touristen auch aufs Herzhafteste unterstützt wird. In manchen Landesteilen, etwa in Oberösterreich, Kärnten oder dem danach benannten Viertel in Niederösterreich, ist das Nationalgetränk Most, das auch den Spitznamen »oberösterreichische Landessäure« trägt.

Schließlich darf bei einer Mahlzeit in Österreich auch niemals ein »Schnapsl« fehlen, ob es sich nun um den »Obstler« zum Bier, den »Enzian« auf der Skihütte, die »Marille« in der Wachau oder den »Trebernen« (Trester) als Digestif im Restaurant handelt – die österreichische Spirituosenkultur braucht heute keinen internationalen Vergleich mehr zu scheuen. Die Zeiten des ordinären und billigen Bauernschnapses sind längst vorbei – der Gast wird in Österreich verwöhnt.

Von Petit Point bis Lodenmode

Österreich ist kein Einkaufsparadies wie Hongkong oder Paris. Doch es gibt hier vieles, was man sonst nirgendwo auf der Welt bekommt

Wer Talmi vom Souvenirstandl meiden will, wird in Österreich eine Fülle von Einkaufsmöglichkeiten finden.

Im Burgenland hat sich beispielsweise eine *Töpfer- und Keramiktradition* erhalten, die in die Zeiten des Römersteinbruchs von St. Margarethen zurückreicht.

Wer *Kunsthandwerk, Petit-Point-Arbeiten und Antiquitäten* liebt, der wird vor allem in Wien und Salzburg fündig. Beide Städte veranstalten jährlich Antiquitätenmessen.

Als Modestadt hat Wien gewiss nicht den Ruf wie Mailand, München oder Paris. Das Modegeschehen dreht sich in ganz Österreich vor allem auch um die *Trachtenmode*, in der es sicherlich weltweit führend ist. In Schladming im Ennstal befinden sich einige der bekanntesten Lodenmanufakturen des Landes *(Johanna Gerhardter, Berggasse 357* und *Fa. Steiner, Hauptplatz 16).*

In Tirol ist die alte *Holzschnitzkunst* am Leben geblieben. Auch in anderen ländlichen Gebieten sind es vor allem die kunsthandwerklichen Gegenstände, die dazu einladen, das Geldbörsel zu zücken. Kärnten ist beispielsweise für seine *Lederwaren* und *Felle* bekannt. Ein beliebtes Mitbringsel ist auch der handgeknüpfte »Fleckerlteppich«, ein buntes Kuriosum, das vor allem in der Weststeiermark beheimatet ist. Das Burgenland gilt als Zentrum der *Korbflechterei*, und viele Heimarbeiterinnen bieten ihre kleinen Kunstwerke längs der langen Straßendörfer an.

Last but not least kommen wir nun zu den *ess- und trinkbaren Souvenirs*. Ob Tiroler Speck, Innviertler Schnaps, burgenländische Trockenbeerenauslesen, Wiener Torten oder Salzburger Mozartkugeln – an kalorienreichen Verlockungen, die einen auch noch zu Hause an Österreich erinnern, fehlt es hier nicht.

Die Geschäfte sind landesweit montags bis freitags von 8 bis 18 Uhr (Lebensmittelgeschäfte manchmal auch länger) und samstags von 8 bis 12 Uhr geöffnet. Jeder erste Samstag im Monat ist langer Einkaufssamstag. Für Fremdenverkehrsgemeinden gibt es zahlreiche Ausnahmeregelungen.

Essbares Souvenir: Mozartkugeln

Land der Feste

Österreich zählt zu den Ländern mit den meisten arbeitsfreien Tagen der Welt. Und es wird auch entsprechend gefeiert

OFFIZIELLE FEIERTAGE

1. Januar: *Neujahr*
6. Januar: *Fest der Hl. Drei Könige*
Ostersonntag und Ostermontag
1. Mai: *Staatsfeiertag*
Christi Himmelfahrt
Pfingstsonntag und Pfingstmontag
Fronleichnam
15. August: *Mariä Himmelfahrt*
26. Oktober: *Nationalfeiertag*
1. November: *Allerheiligen*
8. Dezember: *Mariä Empfängnis*
25. Dezember: *Christtag*
26. Dezember: *Stephanitag*

VERANSTALTUNGEN

Januar
1. Januar: *Neujahrsschnalzen* vor dem Linzer Landhaus
5. Januar: *Lauf der Pinggalperchten* in Mayrhofen im Zillertal, *Lauf der Schnabelperchten* in Rauris und *Glöcklerlauf* in Ebensee am Traunsee
6. Januar: *Dreikönigssingen* (auch »Sternsingen« genannt) in ganz Österreich; *Umzug der* ★ *Pongauer Spiegelperchten* (alternierend in St. Johann, Altenmarkt, Bischofshofen und Badgastein)

Keine lokale Veranstaltung, kein religiöses Fest ohne Spielmannszug und Blaskapelle

Februar/März
Das österreichische Fasnachtsbrauchtum ist äußerst vielfältig und vor allem in Tirol (*Schemenlauf in Imst* alle vier Jahre, *Schellerlaufen* in Nassereith alle drei Jahre, *Schleicherlaufen* in Telfs alle fünf Jahre), im Salzkammergut (vor allem Bad Aussee) und in Kärnten (✪ *Villacher Fasching, Maschkerertanz* in Steinfeld im Drautal) noch lebendig.

März/April
Gründonnerstag bis Karsamstag: Als Ersatz fürs Glockenläuten ziehen die *Ratschenbuam* rasselnd durch das Land. In vielen Ortschaften werden Passionsspiele veranstaltet (*Leiden-Christi-Singen* in Großarl/Pongau, *Mölltaler Passion* in Treßdorf/Kärnten, *Antlassingen* in Traunkirchen/OÖ). Auf vielen Bergrücken und Anhöhen in ländlichen Regionen werden in der Osternacht weithin sichtbare Osterfeuer entzündet.
Ostersonntag: *Speisenweihen, Eiersuchen* und *Felderbeten* in ganz Österreich
2. Freitag nach Ostern: ★ *Vierbergelauf in Kärnten,* eine der ältesten Wallfahrten der Welt, bei der in 24 Stunden 50 km und auf vier Bergen insgesamt 2000 m Höhenunterschied zurückgelegt werden. Ein Abenteuer zwi-

MARCO POLO TIPPS FÜR FESTE

1 Pongauer Spiegelperchten
Ein besonders farben-
prächtiger Maskenumzug
(Seite 27)

2 Klaubaufgehen
Die wildesten und
archaischsten Krampusse
der Alpen treiben
Anfang Dezember im
Osttiroler Matrei ihr
Unwesen (Seite 28)

3 Kärntner Vierbergelauf
Die vielleicht älteste, aber
sicher heidnischste Wall-
fahrt der Welt (Seite 27)

4 Fronleichnam am See
Am Traun- und Hallstätter-
see finden die beiden
schönsten, farben-
prächtigen Prozessionen
des Brauchtumsjahres
statt (Seite 28)

schen heidnischem Brauchtum
und Fitnesslauf, Beginn Freitag
um Mitternacht am Magdalens-
berg bei St. Veit a. d. Glan

Mai/Juni
1. Mai: *Maibaumaufstellen* in kleineren Gemeinden
1. Sonntag im Mai: *Gauderfest* in
Zell am Ziller mit Tierkämpfen
und Rangelwettbewerben
Pfingstsonntag: *Kufenstechen*, ein
alter Reiterbrauch, im Kärntner
Gailtal
Dreifaltigkeitssonntag (1. Sonntag nach Pfingsten): altes Knap-
penbrauchtum (Reiftanz) beim
Kärntner *Laubhüttenfest*
Fronleichnam: ★ *Fronleichnam
am See*, farbenprächtige Seepro-
zessionen in Hallstatt und Traun-
kirchen (Traunsee); sehenswert
sind auch die Fronleichnams-
Blumenteppiche von Deutschlandsberg in der Steiermark.

August
15. August: *Schiffsprozession* am
Wörther See
Mitte August: *Piratenschlacht* mit
Schifferstechen in Oberndorf/
Salzach

September/Oktober
Mitte September bis Mitte Oktober: *festlicher Almabtrieb* im Gebirge

November/Dezember
11. November: *Martiniganslessen*
in ganz Österreich
4.–6. Dezember: ★ *Klaubaufgehen* in Matrei/Osttirol und *Teufel-
tag* in Badgastein
Advent: *Herbergssuchen und Krip-
penspiele* in vielen Orten, berühmt sind vor allem die Aufführungen des »Steyrer Kripperls«,
das alle vier Jahre stattfindende
Bad Ischler Krippenspiel und das
Salzburger *Adventsingen* im Festspielhaus
4. Adventsonntag: *Christkindlein-
zug* in Innsbruck
26. Dezember: *Stefaniritt* im Lavanttal und *Zunftladenübergabe* in
Stoob, Burgenland
31. Dezember: *Böller- und Rauh-
nachtschießen* in ganz Österreich

FESTIVALS

Januar
Ende Januar: *Salzburger Mozart-
woche*

Februar/März
✝ *Internationales Tanzfestival Wien*

März/April
Karwoche und Ostern: *Salzburger Osterfestspiele*

Mai/Juni
Wiener Festwochen
Schubertiade rund um Feldkirch (Vorarlberg)

Juni/Juli
Ende Juni: ✝ *Ars electronica*, Festival für elektronische Musik, Linz
Mitte Juni bis Mitte Juli: *Donaufestival* im Raum Krems
Ende Juni bis Ende Juli: *Styriarte* (Harnoncourt-Festival) in Graz

Juli/August
Kultur- und Showfestival Burgruine Finkenstein, Faaker See
Juli: *Spectaculum* in der Wiener Universitätskirche (Festival alter Opern)
Juli: *Perchtoldsdorfer Sommerspiele* im Burghof
Juli: *Internationales Kammermusikfestival* auf Burg Lockenhaus

Mitte Juli: ✝ *Jazzfestival* in Wiesen
Musikfestival Carinthischer Sommer in Ossiach und Villach
Internationale Musikwochen in Millstatt
Mitte Juli bis Ende August: *Operettenfestspiele* in Mörbisch
Ende Juni bis Ende August: *Salzburger* und *Bregenzer Festspiele*

August
Mitte bis Ende August: *Festwochen der Alten Musik* in Innsbruck
Ende August: ✝ *Jazzfestival* in Saalfelden

September/Oktober
Anfang bis Mitte September: *Internationale Haydn-Tage* in Eisenstadt
Ende September bis Anfang Oktober: *Internationales Bruckner-Fest* in Linz
Oktober: ✝ *Steirischer Herbst* (Avantgardefestival) in Graz
Mitte Oktober: *Winzerumzüge* in allen Weingebieten
Mitte bis Ende Oktober: *Filmfestival Viennale*, Wien

Der Hexentanz ist ein uralter Fasnachtsbrauch

Im Osten was Neues

Seit dem Fall des Eisernen Vorhangs ist das bisher nahezu abgeriegelte Ostösterreich wieder zu einem Mittelpunkt Europas geworden

Wer Ostösterreich sagt, der muss zunächst auch Wien sagen. Denn obwohl die Stadt, rein politisch gesehen, ein eigenes Bundesland mit eigener Verwaltung ist, ist ihre kulturelle Strahlkraft auf die umliegenden Gebiete Niederösterreichs und des Burgenlandes doch so groß, dass man Wien und sein Umland nicht ganz voneinander getrennt sehen darf.

Da es einen eigenen MARCO POLO Reiseführer für Wien gibt, wollen wir über die Hauptstadt und den Mittelpunkt des einstigen kaiserlichen Österreichs in diesem Führer nur das Allerwichtigste aussagen und uns dafür intensiver dem Umland widmen.

Die berühmte Stiftskirche in Dürnstein bei Krems

Beginnen wir also mit dem Burgenland, das – wie schon der Name andeutet – seit jeher Österreichs mit zahlreichen trutzigen Burgen befestigte Bastion gegen Osten war. Landschaftlich fällt das Burgenland völlig aus dem Klischeebild, das sich der Tourist von Österreich macht. Wären da nicht das Rosalien- und das Leithagebirge, die die Steppenlandschaft des Pannonischen Beckens zumindest an den Rändern mit sanften Hügelketten einrahmen, könnte man meinen, das Burgenland liege in den Niederlanden. Ein Eindruck, der sich durch die ausgedehnte Wasserfläche des wind- und wellenbewegten Neusiedler Sees noch verstärkt.

Niederösterreich ist trotz vieler landschaftlicher Besonderheiten kein Land für eine Liebe auf den ersten Blick. Andere Bun-

---

Hotel- und Restaurantpreise

Hotels		**Restaurants**	
€€€:	über 200 Euro	€€€:	über 40 Euro
€€:	100 – 200 Euro	€€:	25–40 Euro
€:	unter 100 Euro	€:	unter 25 Euro

Die Preise gelten für zwei Personen im Doppelzimmer mit Frühstück.

Die Preise gelten für ein dreigängiges Menü mit Wein, Bier oder Most.

desländer mögen markantere Gebirgszüge und schönere Badeseen ihr Eigen nennen. Doch Niederösterreich ist ein Land für den Connaisseur, der das Besondere sucht.

Gewiss: Manches in Niederösterreich, aber auch im Burgenland, funktioniert langsamer und gemächlicher als anderswo. Doch gerade auf dem Land hat man den Eindruck, dass die Bevölkerung noch im Einklang mit der Zeit und dem Tagesrhythmus lebt – was man von anderen, bei Touristen populäreren Gebieten Österreichs leider nicht immer behaupten kann.

EISENSTADT

(**109/E5**) Die Hauptstadt (11 000 Ew.) des Burgenlands ist eigentlich eine Notlösung, weil der organisch gewachsene Hauptort der Region, Ödenburg (heute: Sopron), den Burgenländern bei der Teilung des Landes 1921 abhanden kam. Man darf sich unter Eisenstadt daher keine bedeutende Metropole vorstellen, sondern eher ein kleines Landstädtchen, das vor allem von einem Namen geprägt wurde und wird: dem des Fürstenhauses Esterházy. Schon 1622 wurde die ganze Stadt von Kaiser Fer-

MARCO POLO TIPPS FÜR BURGENLAND, NIEDERÖSTERREICH UND WIEN

1 Neusiedler See
Der einzige Steppensee Mitteleuropas ist ein bedeutendes Biotop (Seite 39)

2 Seewinkel
Das Weltnaturschutzgebiet des World Wide Fund for Nature, rund um die »Lange Lacke« und den »Zicksee« (Seite 40)

3 Dürnstein
Das Donauidyll rund um König Richard Löwenherz und seinen treuen Vasall, den sagenhaften Sänger Blondel (Seite 36)

4 Melk
Das weltberühmte Benediktinerkloster am Eingang der Wachau (Seite 38)

5 Wiener Hofburg
Das kaiserlich-königliche Panoptikum von der Schatzkammer bis zur Hofreitschule (Seite 44)

6 Schloss Schönbrunn
Kaiserin Maria Theresias »Versailles vor der Haustür« liegt heute mitten in der Stadt (Seite 45)

7 Stephansdom
Eine der schönsten gotischen Kathedralen Europas mit 137 m hohem Turm und entsprechender Aussicht (Seite 45)

8 Weinherbst Niederösterreich
Das größte österreichische Weinfest findet von Ende August bis Ende November statt (Seite 49)

Bergkirche Maria Heimsuchung in Eisenstadt

dinand II. der ungarischen Fürstendynastie übergeben, die sich freilich nicht nur durch eigene Leistungen, sondern durch die Förderung eines fürstlichen Lakaien unsterblich machte.

Joseph Haydn, neben Mozart und Beethoven einer der drei Hauptvertreter der »Wiener Klassik«, wirkte hier als Hofkapellmeister.

BESICHTIGUNGEN

Bergkirche mit Kalvarienberg

Die Barockkirche Maria Heimsuchung heißt, nach der Grabstätte des Komponisten und der nach ihm benannten Haydn-Orgel, im Volksmund längst Haydn-Kirche. Bemerkenswert ist sie vor allem durch den zu Beginn des 18. Jhs. rund um das Gotteshaus gebauten Kalvarienberg mit seinen von volkstüm-

lichem Realismus geprägten Kreuzwegstationen. *Kalvarienbergplatz, Kirchengasse*

Esterházy-Schloss

Auf den Grundfesten einer alten Wasserburg schuf der bedeutende Barockbaumeister Carlo Martino Carlone um 1672 hier eines seiner herausragenden Bauwerke. Im nach dem Genius loci benannten Haydn-Saal wurden auf Wunsch des Komponisten zur Verbesserung der Akustik Holzböden und Holzsäulen eingebaut. *Esterházy-Platz*

MUSEEN

Burgenländisches Landesmuseum

Geboten wird ein Streifzug durch die burgenländische Landeskunde von der Steinzeit in die Gegenwart. Unbedingt ansehen sollte man den Mosaik-Fußboden aus der Römerzeit, die alten Zunfttruhen und -zeichen, das Weinmuseum sowie die Haydn-Orgel. *Museumsgasse 1–5, tgl. außer Mo 9–12 und 13–17 Uhr, Eintritt 2 Euro*

Haydn-Museum

Das Wohnhaus des Komponisten Joseph Haydn (1732–1809) in den Jahren 1766 bis 1778 wurde als Museum hergerichtet und beherbergt zahlreiche Partituren, Instrumente sowie Gegenstände aus dem persönlichen Besitz des Komponisten. *Joseph-Haydn-Gasse 21, Ostern–Ende Okt. tgl. 9–12 und 13–17 Uhr, Eintritt 1,5 Euro*

Taubenkobel

Romantisch in einem pannonischen Winzerhaus gelegenes elegantes Luxusrestaurant, das zu Österreichs besten Häusern zählt, 4 km von Eisenstadt entfernt. Reservierung nötig. *Schützen am Gebirge, Hauptstraße 33, Tel. 02684/2297, Mo und Di geschl., Mi–So 12–14.30 und 18 bis 21.30 Uhr, €€€*

Burgenland

Modernes, gut geführtes Viersternehotel im Zentrum. *88 Zi., Schubertplatz 1, Tel. 02682/6 96, Fax 655 31, http://austria-hotels.co.at/austria-hotels/burgenland, €€*

Ohr

Gutbürgerlicher Gasthof mit schönen Zimmern und einer sehr ordentlichen Küche. *28 Zi., Ruster Straße 51, Tel. 02682/624 60, Fax 62 46 09, €*

Touristeninformation

Schloss Esterházy, 7000 Eisenstadt, Tel. 02682/633 84 16, Fax 633 84 20, www.burgenland.at

Römersteinbruch
St. Margarethen (109/E 5)

Über fast 150 000 m^2 erstreckt sich dieser Steinbruch, aus dem die Römer das Material zur Erbauung von Carnuntum bezogen. Carnuntum war die Hauptstadt der römischen Provinz Pannonien, in der Nähe von Petronell gelegen. Sogar der Wiener Stephansdom verdankt seine Existenz dem hier gebrochenen Sandstein. Vor der beeindruckenden Kulisse des Steinbruchs finden regelmäßig ✪ Passionsspiele, aber auch imposant inszenierte Opernaufführungen statt.

KREMS

(108/B 3) Krems in der Wachau – so hört und liest man es häufig, wenn von dieser mittelalterlichen Märchenstadt mit ihren Sgraffitohäusern, Hauszeichen, engen Gassen und schmiedeeisernen Schildern die Rede ist. Allein: Als Wachau bezeichnet man üblicherweise den Donauabschnitt zwischen dem Benediktinerstift Melk und der mittelalterlichen Stadt Krems. Wer Krems sagt, muss freilich auch *Stein* sagen. Gemeint ist die als Altstadtensemble noch homogen erhaltene, einstige Schwesterstadt von Krems. Dazwischen liegt ein kleiner Verbindungsort mit dem beziehungsreichen Namen *Und*.

BESICHTIGUNGEN

Gozzoburg

Das Haus des Stadtrichters Gozzo wurde im 13. Jh. nach dem Vorbild mittelalterlicher italienischer Palazzi erbaut und gilt als das vielleicht schönste Haus der Kremser Innenstadt. *Hoher Markt*

Piaristenkirche

Der Kremser Schmidt (1718 bis 1801), ein berühmter Barockmaler aus Krems, schuf in dieser Kirche, in die das Licht nur von rechts einfällt, zahlreiche Kunstwerke. Besonders sehenswert: das Himmelfahrtsgemälde am Rokoko-Hochaltar. *Frauenplatz*

Stadtpfarrkirche

Das dem hl. Veit geweihte Gotteshaus ist u. a. wegen der fünf Deckenfresken des Kremser Schmidt bemerkenswert. Das Altarblatt schuf Franz Anton Maulbertsch. *Pfarrplatz*

Steiner Altstadt

Das geschlossene Siedlungsbild von Stein zählt zu den besonders schönen alten Straßenensembles in Österreich. Insgesamt 113 Häuser liefern das authentische Bild einer mittelalterlichen Stadt. Sehenswert sind auch die *Minoriten-* und die *Pfarrkirche* sowie die gotischen Fresken in der Hofkapelle des *Göttweigerhofes* aus dem 13. Jh. Das *Haus Nr. 22* ist die einstige Wohn- und Arbeitsstätte des Kremser Schmidt.

Steiner Tor

»A. E. I. O. U. 1480«, so verrät das Wahrzeichen von Krems gleich sein Erbauungsjahr, um ohne falsche Bescheidenheit mitzuteilen: Alles Erdreich Ist Österreich Untertan. So wird die Abkürzung für *Austria Erit In Orbe Ultima* (sinngemäß: »Österreich wird des Erdkreises letzter Schluss sein«) heute gedeutet.

MUSEEN

Kunst-Halle-Krems

Nicht zuletzt dank der in die Konzeption einbezogenen Minoritenkirche St. Ulrich bietet die in einem ehemaligen Industriebau untergebrachte Kunst-Halle im Kremser Vorort Stein eine stimmungsvolle Kulisse für wechselnde Ausstellungen aus den Bereichen Fotografie, Medienkunst, Design und Kunstgeschichte. Mit einer Fläche von über 2500 m^2 zählt die Kunst-Halle-Krems zu den größten Ausstellungsstätten des Landes. Außerdem finden regelmäßig Symposien, Vorträge und Musikveranstaltungen statt. *Steiner Landstr. 8, Di–So 10–18 Uhr, Eintrittspreise ja nach Veranstaltung*

Schifffahrtsmuseum Spitz

Im barocken Erlahof ist eine ausführliche Dokumentation der Donauschifffahrt, insbesondere auch der historischen Salzschifffahrt, untergebracht. *Auf der Wehr 21, April–Okt. Mo–Sa 10–12 und 14–16 Uhr, So 10–12 und 13–15 Uhr, Eintritt 2 Euro*

RESTAURANTS

Florianihof

In dem vorbildlich restaurierten Wachauer Lesehof mit Garten wird ebenso vorbildliche Wachauer Küche geboten. Dazu gibt's typische Wachauer Weine. *Wösendorf 74, Tel. 02715/22 12, Fr–Di 11.30–14, 18–21.30 Uhr, €€*

Jell

In dem liebevoll rustikal ausgestatteten Lokal nahe der Gozzoburg wird bodenständig, aber mit Hingabe und Raffinement aufgekocht. *Hoher Markt 8–9, Tel. 02732/823 45, Di–So 11.30–14, Di–Fr auch 18–21.30 Uhr, €*

Loibnerhof

Hervorragende Wachauer Küche im großen und schönen Gastgarten an der Donau. Die grandiosen Eigenbauweine zählen zu Österreichs besten. *Unter-Loiben 7, Dürnstein, Tel. 02732/828 90, Mo, Di geschl., Mi–So 12 bis 14.30 und 18–21.30 Uhr, €€*

Prandtauerhof

Romantischer Arkadenhof, ausgezeichnete Küche. Leckere Edelbrände und selbst Eingelegtes zum Mitnehmen. *Joching 36 i. d. Wachau, Tel. 02715/23 10, Di–Sa 12–21, So 11.30–15.30 Uhr, €€*

EINKAUFEN

Krems ist ein Zentrum des Weineinkaufs. Hier findet auch jährlich die Kremser Weinmesse statt. Einen Überblick verschafft man sich am besten im *Weinkloster Und,* wo man sich gegen eine geringe Gebühr durch die Spitzenleistungen des österreichischen Weinbaus kosten kann. Tradition haben auch der Wachauer Marillenbrand und -likör.

HOTELS

Avance (Steigenberger)

Luxushotel mit herrlichem Blick auf das mittelalterliche Krems. *128 Zi., Am Goldberg 2, Tel. 02732/710 10-0, Fax 710 10 50, www.steigenberger.de, €€€*

Klinglhuber

Zentral gelegenes Stadthotel in zeitgemäßem Design und mit allem Komfort. *42 Zi., Wiener Str. 2, Tel. 02732/821 43 oder 869 60, Fax 821 43 50, €€–€*

AUSKUNFT

Undstraße 6, 3504 Krems-Stein, Tel. 02732/826 76, Fax 700 11

ZIELE IN DER UMGEBUNG

Dürnstein (108/B 3)

★ Fast noch berühmter als des malerisch in einen Felsen über der Donau hineingebaute Städtchen ist die Geschichte, die ihm zu Weltruf verhalf. Sie handelt von König Richard Löwenherz, der im 12. Jh. auf »Tyernstain« von seinen Widersachern, den Babenbergerherzögen, gefangen gehalten wurde. Der Sage nach hat ihn sein treuer Vasall, der Sänger Blondel, in ganz Europa gesucht und in Dürnstein gefunden, wo ihn sein Herr an der Melodie erkannte, die er vor dem Kerkerfenster intonierte. Von der Burg, auf der König Löwenherz festsaß, stehen heute nur noch Ruinen, die freilich den Anstieg wegen des grandiosen Panoramas lohnen.

Besuchenswert ist jedoch keineswegs nur die Ruine, sondern auch das Städtchen mit seinem gotischen *Karner*, dem mittelalterlichen *Pranger* und der berühmten *Stiftskirche*, die der legendäre Propst Hieronymus Übelbacher selbst plante. Propst Hieronymus pflegte sich übrigens in jenem von Prandtauer erbauten *Kellerschlössl* von den Mühen seines Amtes zu erholen, in dem heute die Kooperative der Freien Weingärtner Wachau ihren Sitz hat. Für Verkostungs- und Einkaufsmöglichkeiten sowie Kellerführungen ist gesorgt. Weinproben finden von *Ende April bis Okt. tgl. um 9, 11, 14, 16 und 18 Uhr im Kellerschlössl statt.*

Göttweig (108/B 3)

Österreichs Monte Cassino ist eine veritable Gottesburg auf einem dicht bewaldeten Hügel gegenüber der Stadt Krems. Das *Benediktinerkloster* wurde 1083 vom Passauer Bischof Altmann gegründet und von Lukas von Hildebrandt barockisiert. Prunk-

stücke des Stiftes sind die Kaiserstiege mit Paul Trogers Deckenfresko sowie das »Graphische Kabinett«, mit 28 000 Stichen die größte private Grafiksammlung Österreichs.

Kamptal (108/A–B 2)

Der mit Abstand größte Badesee Niederösterreichs ist ein Stausee und liegt bei *Ottenstein* am Oberlauf des Kamp. Ansonsten ist das Kamptal eher für »Weinseen« berühmt, liegen in seiner Mitte doch die berühmten Weinorte Langenlois, Zöbing und Hadersdorf. Einen Überblick, wie der Wein mundet, verschafft man

Das Benediktinerstift Melk beherbergt großartige Kunstschätze

sich am besten im *Ursin-Haus*, einem Weinzentrum mit Degustationsmöglichkeit im Zentrum von *Langenlois*.

Mautern (108/B 3)

Das »Spiegelbild von Krems« am anderen Ufer hieß früher Castrum Favianis und war einst die bedeutendste Römersiedlung an der Donau, woran heute noch die Ausgrabungen im *Römermuseum* in der *Kirchengasse* erinnern. Auch im Nibelungenlied ist das romantische kleine Städtchen erwähnt, in dem sich auch Österreichs ältestes Weingut, der *Nikolaihof* der Familie Saahs, befindet. Das *Landhaus Bacher* in der Nähe ist eines der besten Restaurants Österreich *(Tel. 02732/ 743 37, Mo u. Di geschl., Mi–Sa 12–14, 18.30–21 Uhr, So 12 bis 21 Uhr, €€€).*

Melk (108/A–B 3–4)

★ Dass Umberto Ecos »Name der Rose« ausgerechnet hier beginnt, mag schon seinen Sinn haben. Denn Melk darf als einer der imposanten Klosterbauten des christlichen Abendlandes bezeichnet werden. Wo sich heute das kaisergelbe Stiftsgebäude in der Donau spiegelt, stand noch bis Ende des 11. Jhs. eine Babenbergerburg. 1089 schenkte Leopold III. seine Residenz den Benediktinern. Doch trotz der schwungvoll-leichtfüßigen Renovierung durch Jakob Prandtauer und Franz Munggenast haftet dem Stift bis heute etwas Festungsartiges an. Melk gilt seit dem Mittelalter als Zentrum des europäischen Geisteslebens. Kunstschätze wie das goldene Melker Kreuz, die Kolomani-Monstranz oder der

Wullersdorfer Altar weisen das Stift ebenso als eine der führenden Kulturstätten Österreichs aus wie die 80 000 Bände – darunter zahlreiche Handschriften – umfassende Stiftsbibliothek. Ein unbedingtes Muss für Habsburg-Fährtensucher ist die Besichtigung der vollständigen Herrschergalerie im Kaisergang über der Kaiserstiege.

Wachau (108/B 3)

☀ Die Wachau ist auch ohne die berühmten Orte an ihren Gestaden einen Ausflug wert, bei dem man das Tempo unbedingt drosseln sollte, damit einem auch ja kein Detail dieser berückenden Landschaft entgeht. Als »die schönsten 35 Kilometer Österreichs« bezeichnen schwärmerisch veranlagte Wachau-Fans ihren Lieblingsabschnitt des Donaustroms zwischen Krems und Melk. Das steil ansteigende Stromtal mit seinen stufenförmig angelegten Weingartenterrassen besticht durch ein besonders mildes Klima, eine unvergleichliche Baumblüte während des Frühjahrs, eine reiche Marillenernte im Sommer und ein Landschaftsbild, das nicht nur Altphilologen an Arkadien erinnert.

Die Wachau, deren Weinbau bis in die Römerzeit zurückreicht, ist eine der ältesten Kulturlandschaften Österreichs. Gotische Kirchen, romanische Portale und barocke Lesehöfe gibt es zu beiden Seiten der Donau.

Waldviertel (107/F 2, 108/A–B 1–2)

Streng genommen liegen ja bereits der nördliche Teil der Wachau und auch die Gegend um Langenlois im so genannten Waldviertel, das sich von der Donau bis an die tschechische Grenze erstreckt.

Gmünd ist einer der Hauptorte des Waldviertels, eine alte, romantische Stadt, wenn auch nicht ganz so romantisch wie die beiden bezaubernden Städte Drosendorf und Weitra, in denen das Mittelalter Pause gemacht zu haben scheint.

Ein beliebtes Badeziel ist der *Herrensee* in Litschau, der größte der unzähligen Waldviertler Teiche. Man sollte dem Waldviertel übrigens nicht den Rücken kehren, ohne zumindest einem der drei großen Waldviertler Stifte einen Besuch abgestattet zu haben. Die *Benediktinerabtei Altenburg* ist mit ihrer berühmten Krypta ein Zentrum des österreichischen »Grotesk-Barock«. Das *Prämonstratenserstift Geras* ist weithin für seine jähr- lich stattfindenden Hobby- und Handwerkskurse berühmt. Und *Stift Zwettl* beherbergt den ältesten, vollständig erhaltenen Kreuzgang Österreichs, der aus dem Jahr 1204 stammt.

NEUSIEDLER SEE

(109/E–F 5–6) ★ Der einzige Steppensee Mitteleuropas ist ein Biotop von weltweiter Bedeutung, und es ist daher kein Zufall, dass der österreichische Anthropologe und Nobelpreisträger Konrad Lorenz dieses Gebiet in den Mittelpunkt seiner Forschungen stellte. Der Neusiedler See, das Herzstück Pannoniens, gilt als »See der Rätsel«. Der 36 km lange und 7 bis 15 km breite See, dessen tiefste Stelle nicht mehr als 1,5 m misst, war in den Jahren 1867 bis 1871 komplett ausgetrocknet, kehrte dann aber

Ein Biotop von weltweiter Bedeutung ist der flache Neusiedler See

Die kleinste Stadt Österreichs am Neusiedler See: Rust

»über Nacht« zurück. Der See, dessen Wasser schwach salzig ist – was den Eindruck, am Meer zu sein, noch verstärkt –, wird von einem 130 km² großen Schilfgürtel umschlossen und kann daher auf keiner Uferstraße umfahren werden.

ORTE UND BESICHTIGUNGEN

Neusiedl am See   (109/F 4–5)

Am Nordufer des Neusiedler Sees ist vor allem die »Fischerkanzel« in der *Dreifaltigkeitskirche* von kulturhistorischem Belang. Über der Stadt liegt die  *Ruine Tabor*, von der aus man einen schönen Rundblick über den See genießen kann.

Rust   (109/E 5)

Die kleinste Stadt Österreichs gilt europaweit als Inbegriff vorbildlichen Denkmalschutzes. Die architektonischen Ensembles dieses am Westufer des Neusiedler Sees gelegenen Städtchens sind heute noch völlig intakt. Und zur Sommerzeit wird die Attraktivität der Renaissance- und Barockhäuser auch noch dadurch erhöht, dass sich auf fast jedem Kamin einer der berühmten Ruster Störche sein Domizil einrichtet.

Seewinkel   (109/F 5)

★ Am Ostufer des Neusiedler Sees beginnt der Nationalpark Neusiedler See-Seewinkel, ein Weltnaturschutzgebiet unter dem Patronat des World Wide Fund for Nature. Die unzähligen soda- und glaubersalzhaltigen Seen und Lacken, deren bedeutendste die Lange Lacke und der Zicksee sind, machen die Landschaft zu einem einzigartigen Vogelparadies und geben der Luft in diesem Gebiet eine mediterrane Note. Mit einem Jahresmittel von 10 Grad ist der Seewinkel Österreichs wärmste Gegend, was sich auch auf den Weinbau auswirkt. Die Hauptorte des Seewinkels sind Apetlon, Mönchhof, Gols, Frauenkirchen, St. Andrä und Illmitz. Die bekanntesten Seebäder am Neusiedler See sind Podersdorf und Weiden.

MUSEUM

Pannonisches Heimatmuseum Karl Eidler

Kurioses Heimatmuseum, das zur Hälfte als Freilichtmuseum gestaltet ist und dessen Hauptattraktion in der schillernden Persönlichkeit seines Gründers und Leiters Karl Eidler besteht. Zu sehen gibt es jede Menge pannonisches Kulturgut, Alltagsgegenstände und Kuriositäten. *Neusiedl, Kalvarienbergstr. 40, Di–So 14.30–18.30, So auch 10–12 Uhr und nach Vereinbarung (Tel. 02167/81 73), Eintritt frei (Spenden erbeten)*

RESTAURANTS

Zur blauen Gans, Weiden a. S.

Feinschmeckeressen aus pannonischer und Elsässer Küche in gemütlich-eleganter Atmosphäre. *Weiden, Seepark, Tel. 02167/75 10, Jan.–März ganz sowie in der Vor- und Nachsaison Di geschl.,* €€

Zur Dankbarkeit

✪ Gute pannonische Küche und hauseigene Weine. *Podersdorf, Hauptstraße 39, Tel. 02177/22 23, Mi u. Do geschl., Dez.–Ostern Mo bis Do geschl.,* €€

EINKAUFEN

Die Schilfrohrverwertung zählt zu den wichtigen Wirtschaftszweigen der Region. Geflochtene Körbe, Matten und Kunsthandwerkliches gibt es in allen Seeorten. Viele Geschäfte (u. a. der *Souvenirshop im Römersteinbruch St. Margarethen*) führen auch die berühmte Keramik aus Stoob. In den Schmuckboutiquen findet man Arbeiten aus Bernsteiner Edelserpentin (Jade).

UNTERKUNFT

Pannonia

Großzügig angelegtes Feriendorf mit strohgedeckten Bungalows, Fischteich, Badeteich und einem eigenen Reitstall. *Pamhagen, Tel. 02175/21 80-0, Fax 21 80-444,* €€

Seehotel Rust

Sehr gut geführtes Hotel mit direktem Seezugang durch eigenen Schilfkanal. *89 Zi., Rust, Am Seekanal 2–4, Tel. 02685/381-0, Fax 38 14 19, www.verkehrsbuero. at/hotel.htm,* €€€–€€

SPIEL UND SPORT

Der Neusiedler See gilt wegen der optimalen Windlage als »das« österreichische Paradies für *Segler* und *Surfer* schlechthin. Der nächstgelegene *Golfplatz* ist in *Donnerskirchen* (18 Löcher). *Reiten* kann man in der *Neusiedler Csárda* in *Neusiedl* am See.

AUSKUNFT

Touristeninformation Rust

Conradplatz 1, 7071 Rust, Tel. 02685/65 74, 502, Fax 502 10

Touristeninformation Neusiedl

Hauptplatz 1, 7100 Neusiedl, Tel. 02167/22 29

ZIELE IN DER UMGEBUNG

Frauenkirchen   (109/F 5)

Bei Hochzeitern beliebt ist die *Wallfahrtskirche Maria Himmelfahrt*, eine der herausragenden Barockkirchen Österreichs. Gleich gegenüber werden in der *Galerie Kaisergarten* Wein und kulinarische Mitbringsel verkauft.

Halbturn (109/F 5)

Lukas von Hildebrandt, der Architekt des Wiener Belvedere, erbaute um 1711 diesen Lieblingsjagdsitz Kaiser Karls VI. Heute ist Halbturn vor allem wegen seiner kulturhistorischen Ausstellungen (jährlicher Themenwechsel) und des Schlossweingutes bekannt.

ST. PÖLTEN

(108/B 4) In der alten Donaumonarchie galt es nicht gerade als Privileg für einen Offizier, hierher versetzt zu werden. Zu sehr stand St. Pölten damals im Ruf des Provinziellen. Daran änderte sich so lange nur wenig, bis das Barockstädtchen an der Traisen vor einigen Jahren per Volksabstimmung überraschend zur niederösterreichischen Landeshauptstadt (51 000 Ew.) gewählt wurde. Seither ist das St. Pöltener Selbstbewusstsein wesentlich gestiegen, obwohl die Einwohner der Stadt auch schon vorher wenig Grund für Minderwertigkeitskomplexe gehabt hätten. Denn welche Stadt kann schon von sich behaupten, dass ihr Jakob Prandtauer, Österreichs ohne Frage berühmtester Barockbaumeister, seinen städteplanerischen Stempel aufgedrückt hat?

BESICHTIGUNGEN

Domkirche

Sie gilt als eines der bedeutendsten österreichischen Gotteshäuser der Barockzeit und wurde nach Entwürfen Prandtauers gebaut. Besonders bemerkenswert ist der Kreuzaltar im nördlichen Seitenschiff. *Domplatz*

Rathaus

Die ältesten Bauteile des Rathauses stammen aus dem 14. Jh. Das Bürgermeisterzimmer mit den berühmten Kaiserporträts ist bei vorheriger Anmeldung zugänglich. *Rathausplatz*

MUSEUM

Historisches Museum der Stadt St. Pölten

Eine Übersicht über die Stadtentwicklung mit vielen Objekten aus habsburgischer Zeit wird durch volkskulturelle Elemente wie Hauszeichen und Einrichtungsgegenstände bereichert. *Prandtauerstr. 2, Di–Sa 10–17, So 9–12 Uhr, Eintritt je nach Ausstellung unterschiedlich*

RESTAURANTS

Galerie

Gilt als »erste Adresse« der Landeshauptstadt. Selbst der Bischof ist hier Stammgast. *Fuhrmanngasse 1, Tel. 02742/35 13 05, So und Mo geschl., Di–Sa 12–14.30 Uhr und 18–21.30 Uhr, €€€–€€*

Zur Weintraube/Nibelungenhof

Bürgerlicher Ableger des benachbarten Gourmetrestaurants, feine Hausmannskost. *Traismauer, Wiener Str. 23, Tel. 02783/63 49, Mo geschl., Di–So 11.30–14 u. Di–Sa 18–22 Uhr, €€*

HOTEL

Metropol

Modernes Viersternehotel im Zentrum, das einer Neo-Landeshauptstadt durchaus würdig ist. *86 Zi., Schillerplatz 1, Tel. 02742/707 00, Fax 707 00-133, www.verkehrsbuero.at/hotel.htm, €€€*

SPIEL UND SPORT

Das *Alpenkurhotel Gösing* an der *Mariazellerbahn* bietet Arrangements zum Angeln in der wildromantischen Erlauf an. *Tel. 02728/217*

AM ABEND

Mit dem neu errichteten Festspielhaus im topmodernen Kulturbezirk hat nun auch das St. Pöltener Nachtleben mehr zu bieten. Weiterhin stehen das Stadttheater sowie die Bühne am Hof (Kabarett) zur Verfügung. Für reiche kulinarische Versorgung bürgt die multikulturelle Restaurant- und In-Beisl-Szene.

AUSKUNFT

Touristeninformation
Rathausplatz 1, 3100 St. Pölten, Tel. 02742/35 33 54, Fax 333 28 19, www.noe.co.at

ZIELE IN DER UMGEBUNG

Herzogenburg   **(108/B 3)**
An der Erbauung des *Augustiner Chorherrenstiftes* wirkte fast die gesamte heimische Barockprominenz mit. Das Kloster besitzt eine Sammlung von spätgotischen Flügelaltären und Werken aus der berühmten Donauschule.

Lilienfeld   **(108/B 4)**
Eines der Juwele an Niederösterreichs Barockstraße. In der *Gemäldegalerie* des Stifts hängen Kupferstiche von Dürer und Rembrandt. Lilienfeld war die Wirkungsstätte des berühmten Skipioniers Matthias Zdarsky, der hier den ersten Torlauf der Weltgeschichte veranstaltete.

WIEN

☛ **Stadtplan in der hinteren Umschlagklappe**

(109/D 3–4) Wien hat viele Namen: Mutter der Völker, Donaumetropole, Mongolendrüse Europas, Vorort des Balkans oder Zentrum der Heurigenseligkeit. Die Vielvölkerstadt der k. u. k. Monarchie stand seit dem Zusammenbruch des Kaiserreichs gewiss etwas im Abseits der Weltgeschichte und war in den 60er-Jahren schon drauf und dran, ein überaltertes »Pensionopolis« zu werden, in dem der Zentralfriedhof als »größter Bezirk der Stadt« galt. Doch in den 80er-Jahren gelang es Wien (1,5 Mio. Ew.) mit internationalen Ausstellungen wie »Wien um die Jahrhundertwende«, mit spektakulären Bauprojekten wie dem Hundertwasser- und dem Holleinhaus sowie mit einer boomenden Theater- und Musikszene und einer unerwarteten Renaissance der Wiener Küche wieder den Anschluss an den internationalen Städtetourismus zu finden.

Für eine Stadt, über die es so viel zu erzählen gibt, existiert selbstverständlich – wie erwähnt – ein eigener MARCO POLO Reiseführer. An dieser Stelle soll und kann also nur ein kursorischer Wien-Bummel erfolgen, der die Habsburgerstadt gewissermaßen im Reader's-Digest-Tempo durchmisst.

BESICHTIGUNGEN

Belvedere   **(O)**
Prinz Eugen, den das Volkslied heute noch als den »edlen Ritter« besingt, ließ sich dieses Prunkschloss von Lukas von Hil-

debrandt bewusst auf einem Hügel über der Hofburg erbauen, um zu beweisen, dass nach den gewonnenen Türkenkriegen er und nicht der Kaiser der wichtigste Mann im Staate war.

Donner-Brunnen (U/D 4)
Der in den Jahren 1736 bis 1739 von Georg Raphael Donner geschaffene Providentia-Brunnen am *Neuen Markt* gilt als schönster Brunnen Wiens.

Figaro-Haus (U/E 3)
Das Haus, in dem Mozart seine »Hochzeit des Figaro« schrieb, ist heute eine Gedenkstätte mit Originalhandschriften und persönlichen Gegenständen aus dem Besitz des Komponisten. *Domgasse 5, Di–So 9–18 Uhr, Eintritt 2 Euro*

Haas-Haus (U/D 3)
Gegenüber dem Stephansdom thront dieses nicht nur wegen seiner eigenwilligen Sprungschanzen-Architektur viel besuchte und zugleich umstrittene Einkaufszentrum, das von den Wienern nach seinem Architekten meist »Holleinhaus« genannt wird. *Stephansplatz 12*

Hofburg (U/B–C 4)
★ Es passt ganz gut zur Geschichte Wiens, dass die Hofburg nicht von einem Wiener gegründet wurde, sondern von böhmischen König Ottokar II. Seither wurde sie freilich in fast siebenhundertjähriger Habsburgerherrschaft gründlich »austrifiziert«. Die *Hofreitschule* des Lipizzanergestüts findet sich hier ebenso wie die *Hofkapelle*, in der die Wiener Sängerknaben jeden *Sonntag pünktlich um 9.25 Uhr* das Hochamt intonieren.

Kaiser Franz Joseph I. baute die *Neue Burg* mit der Nationalbibliothek (5,3 Mio. Bände). Im Amalientrakt sind die ehemaligen *Kaisergemächer*, im Michaelertrakt die *Hoftafel-* und *Silberkammer*, im Schweizerhof die geistliche und weltliche *Schatzkammer* zu besichtigen. Und im so genannten Leopoldinischen Trakt sind – neben dem internationalen Konferenzzentrum – die Amtsräume des österreichischen Bundespräsidenten. *Besichtigungsräume tgl. 9–17 Uhr*

Hundertwasser-Haus (O)
⚐ Der phantastische Realist Friedensreich Hundertwasser schuf in der *Kegelgasse 36–38* einen schrill-bunten Gemeindebau, auf dessen Dächern Bäume wachsen und in dem es keinen rechten Winkel gibt.

Kapuzinergruft (U/D 4)
Die Familiengruft der Habsburger Kaiser spiegelt die individuellen Regierungsstile der einzelnen Herrscher wider. Die bedeutendsten Gegenpole sind der prunkvolle Raphael-Donner-Sarg des absolutistischen Karl VI. und der schlichte Kupfersarg des aufgeklärten Josef II. *Neuer Markt, tgl. 9.30–16 Uhr*

Karlskirche (U/D 6)
Die von Karl VI. gestiftete und von Fischer von Erlach erbaute Kuppelkirche am *Karlsplatz* gilt als bedeutendster Barockbau Wiens. Einen reizvollen Kontrast bietet der Brunnen von Henry Moore vor dem Kirchenportal.

Prater (O)
⚐ Im »Wiener Prado« lustwandelten einst die kaiserlichen

Herrschaften, bevor das Areal 1766 als Volksgarten freigegeben wurde. Heute befinden sich hier der größte Vergnügungspark Wiens mit dem Riesenrad und der Geisterbahn sowie ein riesenhaftes Freizeitareal, das von den Wienern als »Hyde-Park« an der Donau genützt wird. *Praterstern/Prater Hauptallee*

Schloss Schönbrunn (O)

★ Ein »Wiener Versailles« sollte der Baumeister Fischer von Erlach schaffen, und die Pläne dafür hat er auch geliefert. Dann ging den Kaisern das Geld für ihre Sommerresidenz aus, und es wurde nur eine »verkürzte Variante« gebaut, die gleichwohl imposant genug ist. Neben den Kaisergemächern mit ihrer prächtigen Rokokoausstattung sollte man unbedingt die Wagenburg, den Tiergarten, das Palmenhaus und den ausladenden Park mit der Gloriette und jenem »schönen Brunnen« besichtigen, nach dem die ganze Anlage benannt ist. *Schönbrunner Schlossstraße 13, April–Okt. tgl. 8.30–17 Uhr, Nov. bis März 8.30 bis 16.30 Uhr, Grand Tour (60 Min.) 10 Euro, Imperial Tour (45 Min.) 6,5 Euro*

Stephansdom (U/D 3)

★ ⚜ Das gotische Bauwerk wurde zu Beginn des 14. Jhs. auf den Resten einer romanischen Kirche errichtet und gilt als eine der bedeutendsten Kathedralen der Welt. Aus der romanischen Epoche stammen das Riesentor und die beiden Heidentürme an der Westseite des Doms. Meisterwerke der Wiener Gotik sind die so genannte Dienstbotenmadonna, der Wiener Neustädter Altar und die Pilgram-Kanzel, in die der Baumeister und Steinmetz Anton Pilgram sein Selbstbildnis, den berühmten »Fenstergucker«, einarbeitete. Der 136,7 m hohe Südturm gehört zu

Die kaiserliche Sommerresidenz Schloss Schönbrunn in Wien

den höchsten Kirchtürmen Europas und ist ein Wahrzeichen Wiens, das mit dem Lift befahren werden kann. *Stephansplatz 1*

MUSEEN

Albertina (U/C 5)

Die größte Grafiksammlung der Welt befindet sich gleich hinter der Staatsoper in einem auf den Trümmern der Augustinerbastei errichteten Gebäude. 40 000 Zeichnungen und eine Million Druckgrafiken werden hier aufbewahrt und in ständig wechselnden Einzelausstellungen gezeigt. Glanzpunkte der Sammlung sind Dürers »Betende Hände« sowie der berühmte »Dürerhase« und Arbeiten von Rembrandt, Rubens und Michelangelo bis hin zu Egon Schiele. *Augustinerstr. 1, wegen Sanierungsarbeiten zurzeit geschlossen*

Historisches Museum (U/D 6)

Das Wiener Stadtmuseum neben der Karlskirche bietet einen umfassenden Überblick über die Stadtgeschichte von der Römerzeit über den Kampf gegen die Belagerung der Türken bis zu den großen kulturellen Leistungen Wiens um die Jahrhundertwende, von Makart bis Schiele, von Bruckner bis Berg. *Karlsplatz, Di–So 9–18 Uhr, Eintritt 3,5 Euro*

Kunsthistorisches Museum (U/B 5)

Einen umfassenden Überblick über 5000 Jahre abendländischer Kulturgeschichte vermittelt diese Sammlung von Plastiken und Gemälden, die zu den bedeutenden der Welt zählt. Der Bogen reicht von der Ägyptischen Sammlung mit dem Kopf Thutmosis III. über Plastiken wie das berühmte Salzfass des Benvenuto Cellini und ein Münzkabinett mit einer halben Million Objekte bis zur Gemäldegalerie mit Werken von Brueghel, Rembrandt, Dürer, Holbein, Rubens, Caravaggio, Tizian, Tintoretto u. a. *Burgring 5, Di–So 10–18 Uhr, Do bis 21 Uhr, Eintritt 7 Euro*

Museum Moderner Kunst (O)

Im Palais Liechtenstein des Barockbaumeisters Domenico Marinelli sorgt eine umfangreiche Sammlung von Gegenwartskunst, die von Roy Lichtenstein bis Andy Warhol und Joseph Beuys reicht, für einen eigenwilligen zeitgenössischen Kontrast. *Fürstengasse 1, Di–So 10–18 Uhr, Eintritt 3 Euro*

Naturhistorisches Museum (U/B 4)

Der architektonische »Zwilling« des gegenüberliegenden Kunsthistorischen Museums liefert den naturwissenschaftlichen Gegenpol dazu. Eine geologisch-paläontologische, eine botanische, eine zoologische sowie eine 30 000 Schädel und Skelette umfassende anthropologische Abteilung geben einen umfassenden Überblick über Erd- und Entwicklungsgeschichte. Das wohl wertvollste Stück der Sammlung ist die 22 000 Jahre alte Steinplastik einer vielbrüstigen Fruchtbarkeitsgöttin, die nach ihrem Fundort als »Venus von Willendorf« bezeichnet wird. *Burgring 7, tgl. außer Di 9 bis 18 Uhr, Eintritt 2 Euro*

Österreichische Galerie (O)

Im Oberen Belvedere ist eine Sammlung von österreichischer Malerei des 19. und 20. Jhs. mit

Werken von Waldmüller, Kokoschka, Schwind, Klimt, Schiele u. a. eingerichtet. *Prinz-Eugen-Str. 27, Di–So 10–17 Uhr, Eintritt 4,5 Euro*

RESTAURANTS

Do & Co im Haas-Haus (U/D 3)
❈ ❂ Der In-Treff im In-Haus mit Steffl-Blick, hervorragenden Fischen und Meeresfrüchten sowie Altwiener Mehlspeisen. Tischreservierung empfiehlt sich. *1. Bezirk, Stephansplatz 12, Tel. 01/535 39 69, tgl. 12–14.30 und 18–21.30 Uhr, €€€– €€*

Figlmüller (U/E 3)
Die größten und schönsten Wiener Schnitzel der Stadt, serviert in einem romantischen Durchhaus. *1. Bezirk, Wollzeile 5, Tel. 01/512 61 77, tgl. 12–14.30 und 18–21.30 Uhr, €€–€*

Hauswirth (O)
Idealtypisches Altwiener Restaurant mit romantischem Innengarten und klassischer Wiener Küche (Gulasch probieren!). *6. Bezirk, Otto-Bauer-Gasse 20, Tel. 01/587 12 61, Mo–Fr 12 bis 15, 18–24 Uhr, €€*

Hietzinger Bräu (O)
Das Wiener Rindfleischparadies im Nobelbezirk Hietzing. *13. Bezirk, Auhofstraße 1, Tel. 01/877 70 87, tgl. 12–14.30 und 18 bis 21.30 Uhr, €€*

EINKAUFEN

Die berühmteste Einkaufsstraße ist die *Kärntner Straße* mit exklusiven Geschäften und dem Kaufhaus Steffl. Günstiger kauft man auf der ⚹ *Mariahilfer Straße* ein, die außer dem neuen Eurocenter und dem Großkaufhaus Gerngross viele Modeshops speziell für junge Leute aufweist. Unweit der Mariahilfer Straße wird im Künstlerviertel am *Spittelberg* Kunsthandwerk verkauft. An Obst, Gemüse, Fleisch, Fisch oder exotischen Gewürzen offeriert Wiens berühmter ❂ *Naschmarkt* die größte Auswahl. Antiquitäten und Künstlerisches findet sich in der Innenstadt zwischen *Graben, Neuem Markt* und *Wollzeile* sowie, zu günstigeren Preisen, jeden Samstag auf dem Flohmarkt am Naschmarkt.

HOTELS

Altwienerhof (O)
Kleines, feines Stadthotel in Westbahnhofnähe, gute Küche, liebevoll ausgestattete 26 Zimmer. *15. Bezirk, Herklotzgasse 6, Tel. 01/892 60 00, Fax 89 26 00 08, www.altwienerhof.at, €€*

ANA Grandhotel (U/D 5)
Direkt am Ring gelegenes internationales Luxushotel mit ausgezeichnetem Restaurant über den Dächern von Wien. *205 Zi., 1. Bezirk, Kärntner Ring 9–13, Tel. 01/515 80-0, Fax 515 13 13, www.ab serv.co.at, €€€*

Fürst Metternich (O)
Kleines, familiäres Hotel nahe der *Mariahilferstraße* mit dem *Barfly's Club*, der allerbesten American Bar von Wien. *28 Zi., 6. Bezirk, Esterházygasse 33, Tel. 01/588 70, Fax 587 52 68, €€*

AM ABEND

Das Wiener Nachtleben ist, wie man sich etwa in der *Edenbar (Li-*

liengasse 2), im *Castillo (Biberstr. 8),* bei *Dino's (Salzgries 19)* oder *Kruger's (Krugerstr. 5)* überzeugen kann, besser als sein Ruf. Die meisten Gäste zieht es jedoch in den Abendstunden weniger in Nightclubs als hinaus in die Heurigenorte. Wer dem Touristenrummel von Grinzing, Nußdorf und Neustift entfliehen will, der weiche besser auf die Heurigenorte jenseits der Donau, beispielsweise nach ✪ ☀ *Stammersdorf,* aus, wo er vorzugsweise Einheimische treffen wird. Für alle, die sich lieber in der Innenstadt amüsieren, gibt es das berühmte »Bermuda-Dreieck« zwischen *Schwedenplatz* und *Ruprechtkirche* sowie den ☀ Rudolfsplatz mit kleinen Bars, multikulturellen Restaurants und Szenelokalen. Die kultivierteste Art, in Wien den Abend zu gestalten, ist zwei-fellos der Besuch von Theateraufführungen und Konzerten in *Burgtheater, Staatsoper, Josefstadt, Musikverein* und *Konzerthaus.* Musicals werden im *Theater an der Wien* und im *Raimundtheater* gespielt, Avantgarde gibt's im *Schauspielhaus* in der *Porzellangasse.* Die erfrischendste Methode, einen Abend zu beschließen, ist noch immer der Besuch in der mittlerweile legendären *Reissbar* in der *Marco d'Aviano-Gasse,* mit Blick auf den Donnerbrunnen bei einem Glas Sekt.

Wien-Information (O)
Obere Augartenstr. 40, 1010 Wien, Tel. 01/21 11 40, Fax 216 84 92, www.wien.gr.at. Ausführliche Informationen finden Sie im MARCO POLO Band »Wien«.

Der Heurige ist nicht nur ein Wiener

»Heut kummen d'Engerln auf Urlaub nach Wien« heißt es im Heurigenlied, doch in Wahrheit kommen sie keineswegs nur nach Wien, sondern genauso ins Burgenland, in die Wachau oder auf die südsteirische Weinstraße. Der »Heurige« ist eine österreichische Institution, benannt nach dem jungen Wein, der meist gar nicht auf Bouteillen abgezogen wird, sondern auf so genannte »Doppler« (2-Liter-Flaschen), die nicht in den Verkauf gelangen, sondern ausschließlich in der Buschenschank in »Vierteln« ($1/4$- l-Gläsern) oder als »G'spritzter« (halb Soda, halb Wein) ausgeschenkt werden. Der Reisigbuschen über der Tür des Winzerhauses geht auf eine Verordnung Kaiser Josefs II. zurück, der den Weinbauern in einem eigenen Edikt die Erlaubnis erteilte, ihren Wein für jeweils einige Wochen des Jahres auch ohne eigene Gastgewerbekonzession auszuschenken. Während man früher die »Jaus'n« zum Heurigen selbst mitbrachte (was nur noch in sehr ländlichen Betrieben von den Heurigenwirten ohne Missvergnügen gesehen wird), gibt es heute meist üppige Heurigenbuffets, bei denen weder das Backhendl noch der Schweinsbraten und der Liptauer – ein typischer Heurigenaufstrich aus Gervais, Paprika und Sommerschafskäse – fehlen dürfen.

BURGENLAND, NIEDERÖSTERREICH UND WIEN

ZIELE IN DER UMGEBUNG

Baden (109/D 4)

Der berühmte Kurort am Fuße des Anninger atmet noch das Flair der Jahrhundertwende und der berühmten »Fledermaus«, die hier spielt.

Carnuntum (109/F 4)

Die Ausgrabungen der Hauptstadt der römischen Provinz Pannonien rund um das *Heidentor* liegen bei *Petronell*, in der Nähe des Kurorts *Deutsch-Altenburg*.

Gumpoldskirchen (109/D 4)

Den schönen Weinort vor den Toren Wiens mit seinen zahllosen Heurigen in alten Renaissancehöfen besucht man am besten außerhalb der Wochenenden.

Heiligenkreuz (109/D 4)

Das Wienerwaldkloster der Zisterzienser wurde 1135 erbaut und nach einer hier aufbewahrten Reliquie des Kreuzes Christi benannt. Zur schlichten romanischen Stiftskirche schuf Angelo Canevale die barocken Anbauten. An der Klosterpforte werden auch die Heiligenkreuzer Weine des Stiftsgutes Thallern bei Gumpoldskirchen verkauft.

Kellergassen (108–109/C-D 2, E 1-2)

Die inmitten der Weingärten gelegenen Dörfer ohne Rauchfang, wie die Kellergassen auch genannt werden, sind einmalige Kulturdenkmäler. Rund um die nur zur Weinlese belebten engen Kellerzeilen, z.B. Feuersbrunn, Wildendürnbach, wird im Rahmen des ✪ ★ Niederösterreichischen Weinherbstes kräftig gezecht und geschlemmt. *Tel. 01/536 10-62 00, www.weinherbst.com*

Klosterneuburg (109/D 3)

Als »Wiener Escorial« wollte Kaiser Karl VI. dieses von Leopold dem Heiligen 1100 gegründete Donaustift der Augustiner Chorherren ausbauen, starb aber, bevor alle seine Pläne verwirklicht waren. Sehenswert sind das Grab des hl. Leopold, der berühmte Verduner Altar und die Schatzkammer mit dem Erzherzogshut. Am »Leopolditag«, dem 15. November, findet in den Weinkellern des Stifts das traditionelle »Fasslrutschen« statt.

Mayerling (109/D 4)

Das Bewusstsein, sich am Ort der Tragödie von Mayerling zu befinden, wo der Thronfolger Kronprinz Rudolf unter geheimnisvollen Umständen mit seiner Geliebten Mary Vetsera Selbstmord beging, ist spektakulärer als das Jagdschlösschen mit dem angeschlossenen Kloster.

Semmeringgebiet (108/C 6)

Als »Dachterrasse Wiens« war dieses Gebiet, zu dem im weiteren Sinne auch *Rax, Schneeberg* und die *Hohe Wand* zählen, vor allem bei den Literaten der Jahrhundertwende beliebt. Viel von dem nostalgischen Flair ist erhalten geblieben, auch wenn der Semmering seinen Ruf als Nobelkurort etwas eingebüßt hat.

Wiener Neustadt (109/D 5)

Unter dem Hochaltar der Georgskapelle in der Militärakademie des Babenbergerstädtchens liegt Kaiser Maximilian I., der letzte Ritter, tatsächlich begraben, während sein Mausoleum in der Innsbrucker Hofkirche leer steht. Sehenswert auch der Dom mit dem Brauttor aus dem 13. Jh.

Am Semmering beginnt der Süden

Wer durch die Steiermark nach Kärnten fährt, merkt an vielen Indizien, dass Italien nicht mehr weit ist

Hinter dem Semmering beginnt eine andere Welt, sagen die Wiener. Und sie haben damit irgendwie Recht. Einerseits meinen sie das viel zitierte »steirische Klima«, in dem vor allem politisch manches anders läuft, als man es in Wien gerne hätte. Andererseits ist der Klimaumschwung durchaus auch wörtlich zu verstehen. Wenn man am Semmering einmal hinter sich gelassen hat, beginnt nämlich der Süden. Das macht sich auf vielfältige Weise bemerkbar. Bereits in Graz gibt es schon mehr Häuser im mediterranen Stil als in Wien, man findet mehr südliche Gerichte auf den Speisekarten, und die Südsteiermark trägt den Namen »steirische Toskana« mit vollem Recht. In den Vinotheken Klagenfurts findet man bereits mehr Weine aus Friaul als solche aus Österreich, und der Espresso beginnt allerspätestens in den Cafés von Villach nach dem italienischen Original zu schmecken.

Erholung und Entspannung garantiert der warme Faaker See

Doch bleiben wir nach diesem kurzen Exkurs durch Österreichs »Italianità« zunächst noch in der Steiermark, dem südöstlichsten Bundesland, dem mit 16 337 km² zweitgrößten nach Niederösterreich und dem einzigen, in dem es sowohl Gletscher als auch Wein gibt.

Die Landeshauptstadt Graz ist mit etwa einer viertel Million Einwohnern die zweitgrößte Stadt Österreichs und bildet das natürliche Zentrum des Landes.

Graz ist zudem das Tor in die steirische Bergwelt, auch wenn das berühmte Ausseerland und die Dachsteinregion etwas weiter als den sprichwörtlichen »Katzensprung« entfernt sind.

Über den Packsattel gelangt man von der Steiermark ins benachbarte Kärnten, Österreichs südlichstes Bundesland mit den meisten statistisch erfassten Sonnentagen. Es zählt mit einer Fläche von 9534 km² und knapp über einer halben Million Einwohnern nicht zu Österreichs größten Bundesländern, dafür ist es überschaubar und lässt sich mit dem Pkw bequem binnen weniger Stunden durchmessen.

Kärnten ist vor allem das Land der 198 Seen, von denen die meisten im Sommer eine Temperatur zwischen 25 und 28 Grad erreichen, wodurch das Land an der Drau mit Recht seinen Ruf als »Österreichs Lido« bekommen hat. In der Tat erinnern die großen Seebäder am Wörthersee wie Pörtschach, Krumpendorf und Velden ein wenig an die bekannten Ferienorte an der Adria. Der Unterschied ist nur, dass Kärntens Seen, wie immer wieder stolz berichtet wird, sauberer sind als das Mittelmeer. Ausführlich informiert der MARCO POLO Band »Kärnten«.

Dass wir Osttirol in diesem Kapitel und nicht gemeinsam mit Nordtirol behandeln, hat übrigens seinen Grund. Während sich Osttirol von Kärnten aus leicht über das Drautal erreichen lässt und mit Kärnten auch viele geologische und landschaftliche Gemeinsamkeiten aufweist, hat es seit den Verträgen von St-Germain im Jahre 1920 keine gemeinsame Grenze mit Nordtirol mehr und kann von dort nur über Salzburg oder Südtirol erreicht werden. Als Ausflugsziel ist es daher dem Kärnten-Urlauber noch mehr als dem Tirol-Urlauber ans Herz zu legen.

AUSSEERLAND

(114/B–C 1) Es misst nur 400 km² und zählt doch zu den bezaubernden Regionen der Steier-

---

MARCO POLO TIPPS FÜR
STEIERMARK, KÄRNTEN UND OSTTIROL

1 Die Admonter Bibliothek
Die größte Stiftsbibliothek der Welt im alten Gesäuse-Kloster (Seite 54)

2 Grazer Landhaus
Ein beeindruckender Prunkbau der österreichischen Renaissance (Seite 55)

3 Mariazell
Die geschichtsträchtige »Magna mater Austriae« ist einer der meistbesuchten Wallfahrtsorte der Welt (Seite 57)

4 Südsteirische Weinstraße
Die »steirische Toskana« zwischen Leutschach und Ehrenhausen (Seite 58)

5 Dom zu Gurk
Eine der schönen romanischen Kathedralen Österreichs mit dem berühmten »Hemmastein« (Seite 60)

6 Hochosterwitz
Die Märchenburg, die sogar Walt Disney beeindruckte (Seite 61)

7 Faaker See
Nicht der größte, aber der schönstgelegene Kärntner See – mit dem berühmten Bildstockblick (Seite 66)

8 Schloss Porcia
Ein Glanzstück der Renaissance mitten in Spittal an der Drau (Seite 67)

mark, das so genannte »Ausseerland«, das auch als »steirisches Salzkammergut« bekannt ist. Sein Mittelpunkt sind Bad Aussee, ein verträumter Kurort aus der Kaiserzeit, und dessen »Vorort« Altaussee, direkt am Altausseersee, einem der schönsten Bergseen Österreichs.

ORTE UND BESICHTIGUNGEN

Altausseersee   (114/B–C 1)
Nur ein paar Kilometer von Bad Aussee entfernt, am Fuße von Österreichs ergiebigstem Salzberg, dem Sandling, liegt dieser zwar eiskalte, aber glasklare See, der sich bequem in zweieinhalb Stunden zu Fuß umrunden lässt.

Bad Aussee   (114/B–C 1)
Das »zweite Karlsbad« der Donaumonarchie gelangte dank der Salzgewinnung schon im 13. Jh. zu Wohlstand. Davon künden noch heute das *Sgraffitohaus*, die alte *Steinmühle*, das *Meranhaus* und das *Salinenspital* mit der Spitalkirche aus dem 14. Jh. (gotischer Flügelaltar von 1449). Im 600 Jahre alten *Kammerhofgebäude* am *Oberen Markt* ist ein *Heimatmuseum*.

Grundlsee   (114/C 1)
Der größte See der Steiermark ist sowohl als Angler-, Segler- wie auch als Surferzentrum vor der Dachsteinkulisse bekannt.

Toplitzsee   (114/C 1)
Der märchenhaft gelegene, smaragdgrüne See galt lange Zeit als Eldorado für Taucher, die hier nach angeblich verborgenen Schätzen des Dritten Reiches suchten – was sich bislang allerdings als vergeblich erwies.

MUSEUM

Ausseer Kammerhofmuseum
Das 600 Jahre alte Kammerhofgebäude, in dem früher die Salinenverwaltung untergebracht war, ist heute Museum, in dessen Mittelpunkt eine Trachtensammlung und eine höhlenkundliche Abteilung stehen. Außerdem sehenswert: der mit gotischen Fresken geschmückte *Kaisersaal*. *Chlumeckyplatz 1, Mitte Juni–Ende Sept. tgl. 10–12, 16–18 Uhr, April bis Mitte Juni und Okt. Di 15.30 bis 18, Fr 9.30–12, So 10–12 Uhr, Eintritt 2 Euro*

RESTAURANT

Grimmingwurz'n, Bad Mitterndorf
15 km von Bad Aussee entfernt, liegt das beste Restaurant des Ausseerlandes. Ländliche Note und ambitionierte Küche. *Hellbrunnerstr. 354, Tel. 03623/3132, Di geschl., Mi 18–22, Do–Mo 11.30–14 und 18–22 Uhr, €€*

HOTELS

Hubertushof, Altaussee
Das idyllisch gelegene Jagdschlössl steht unter der sehr persönlichen Führung der Besitzerin, der Gräfin Strasoldo. *9 Zi., Puchen 86, Tel. 03622/712800, Fax 712880, €€*

Seevilla
Direkt am See gelegenes, komfortables Haus. *55 Zi., Altaussee, Fischerndorf 60, Tel. 03622/71302, Fax 7130282, €€€*

SPIEL UND SPORT

Das unweit des Ausseerlandes gelegene Ennstal birgt rund um

das luxuriöse *Schlosshotel Pichlarn in Irdning* einen der schönen österreichischen Golfplätze und einen Reiterhof. *Auskunft im Hotel, Tel. 03682/228 41*

AUSKUNFT

Touristeninformation
Chlumeckyplatz 44, 8990 Bad Aussee, Tel. 03622/523 23, Fax 52 32 34

ZIELE IN DER UMGEBUNG

Admont (115/D 1)
Die *Benediktinerabtei* aus dem Jahr 1074 wurde nach einem Brand neoklassizistisch wieder aufgebaut, erhalten blieb nur die größte Stiftsbibliothek der Welt, die ★ *Admonter Bibliothek*, mit einem Deckenfresko von Bartolomeo Altomonte. Zu den herausragenden Barockkirchen des Landes zählt die *Wallfahrtskirche* am gegenüberliegenden Frauenberg.

Pürgg (114/C 1)
Die kühn auf einen Felsen gebaute romanische *Basilika* ist vor allem auch wegen der daneben gelegenen *Johanneskapelle* mit ihrem byzantinisch beeinflussten Freskenschatz aus den Jahren 1160 bis 1165 bemerkenswert.

Graz, die kleinstädtische Ausgabe von Wien

GRAZ

(116/B 4) Auf den ersten Blick sieht Graz (243 000 Ew.) wie eine etwas verkleinerte Ausgabe von Wien aus. Auch hier gibt es eine Ringstraße mit einem prachtvollen Opernhaus. Viele der alten Bürgerhäuser in der *Herrengasse* könnte man sich so ähnlich auch am Wiener Graben vorstellen. Und in der Tat hat Graz der Bundeshauptstadt in mancher Hinsicht nachgeeifert und war sogar einmal – von 1438 bis 1453 – kaiserliche Residenz. Dennoch ist es freundlicher, kleinstädtischer und überschaubarer geblieben. Im Gegensatz zu Wien hat man es in Graz verstanden, den Fluss – die Mur – sinnvoll ins Stadtbild zu integrieren. Außerdem ist Graz eine der grünsten Städte, die sich denken lassen. Das beginnt bereits am mitten in der Stadt gelegenen *Schlossberg* mit der Wahrzeichen der Stadt, dem *Uhrturm*. Es setzt sich fort im riesengroßen *Stadtpark*, einer der herausragenden innerstädtischen Parkanlagen in Österreich, der auch durch den hier angesiedelten Literatentreff »Forum Stadtpark« überregionale Geltung erhielt.

BESICHTIGUNGEN

Burg

Die ehemalige Residenz Kaiser Friedrichs III. dient heute als Sitz der steirischen Landesregierung. Besonders sehenswert ist die gotische Doppelwendeltreppe aus dem Jahr 1499.

Dom

Der aus einer alten Kirchenfestung entstandene Dom war früher direkt mit der Burg verbunden und wurde erst 1786 Bischofssitz. Den Domturm ersetzt in Graz ein unscheinbarer Dachreiter. Darunter verbergen sich aber ein großartiges Netzrippengewölbe, ein barocker Hochaltar und das berühmte »Landplagenbild« von Thomas von Villach (1485) an der Außenseite. *Bürgergasse*

Landhaus

★ Das architektonische Prunkstück von Graz wurde um die Mitte des 16. Jhs. von Domenico d'Allio geschaffen. Das Landhaus gilt mit seinen an den venezianischen Dogenpalast erinnernden Rundbogenfenstern im Arkadenhof als einer der schönsten Renaissancebauten Österreichs. Das Rundbogentor in der *Schmiedgasse* stammt noch aus dem Jahre 1494.

Mausoleum Ferdinands II.

Das an seinen drei Kuppeln erkennbare Grabmal wurde in den Jahren 1614 bis 1638 von Pietro de Pomis errichtet, die prächtigen Stuckaturen, die sich im Inneren befinden, wurden ebenso wie der Hochaltar von Fischer von Erlach entworfen. *Bürgergasse, beim Dom*

Ständisches Zeughaus

Sie sind heute noch so »einsatzbereit« wie im Dreißigjährigen Krieg, nach dessen Ende das Zeughaus errichtet wurde, um sie in friedlichen Zeiten für weitere Kriege aufzubewahren: die 30 000 Landsknechtsharnische, Zweihänder, Hakenbüchsen, Panzerhemden und Feuerwaffen, die da in mehreren Stockwerken fein säuberlich nebeneinander angeordnet sind und ein schön-schauriges Anschauungsbild der Kriegführung in früherer Zeit vermitteln. *Herrengasse 16, März–Okt. Di–So 9–17 Uhr, Eintritt 2 Euro*

Uhrturm

Der 28 m hohe Turm aus dem Jahre 1561, der den 473 m hohen Schlossberg ziert und vom Murufer aus auch mit einer Standseilbahn *(Talstation Kaiser-Franz-Josefskai)* erreicht werden kann, ist nicht nur das Wahrzeichen von Graz, sondern auch einer der letzten Überreste der Stadtfestung, die sich hier früher befand.

MUSEEN

Diözesanmuseum

Zahlreiche, vor allem gotische Kunstwerke werden hier als Leihgaben steirischer Gotteshäuser aufbewahrt. Das schönste davon ist die »Kreuzigung Christi« des Konrad Leib von Eislingen, das als wertvollstes österreichisches Tafelbild des 15. Jhs. angesehen wird. *Mariahilferplatz 3, Mo–Fr 10–12 und 13–16 Uhr, Eintritt 2 Euro*

Joanneum

Das nach seinem Gründer Erzherzog Johann benannte Museum besteht aus dem *Lesliehof* in der *Raubergasse* und dem *Neuen Museum* in der *Neutorgasse*. Im Lesliehof findet man die pflanzenkundliche Sammlung, die Abteilung Mineralogie und Bergbau sowie frühgeschichtliche Funde und das Münzkabinett. Im Neuen Museum wurde eine Gemäldegalerie eingerichtet, die u. a. Werke von Tiepolo und Tintoretto sowie die be-

rühmte »Admonter Madonna« (1315) beherbergt. *Ganzjährig geöffnet, die einzelnen Abteilungen haben unterschiedliche Öffnungszeiten, Eintritt je nach Besuchsumfang*

Freilichtmuseum Stübing

Das schönste Freilichtmuseum Ostösterreichs liegt ein paar Kilometer nordwestlich von Graz und zeigt mehr als 90 beeindruckende denkmalgeschützte bäuerliche Gehöfte, Wirtschaftsgebäude und Werkstätten, die aus allen Teilen Österreichs stammen und hier originalgetreu wieder aufgebaut wurden. *April bis Okt. Di–So 9–17 Uhr, Eintritt 6 Euro*

RESTAURANTS

Jagawirt

Idyllisches Wirtshaus inmitten des nahen Schilcherlandes mit hochwertigen Produkten aus eigener Landwirtschaft. *St. Stefan ob Stainz, Sommereben 2, Tel. 03143/8105, Do–Di 11–22.30 Uhr, Jan.–März geschl., €€*

Landhauskeller

◉ Im schönsten Gebäude von Graz gibt es eine ausgezeichnete bodenständige Küche (besonders gut ist hier das gekochte Rindfleisch), Sommergarten im Arkadenhof. *Schmiedgasse 9, Tel. 0316/ 83 02 76, Mo–Sa 11–22.30 Uhr, €€*

Wirtshaus Greiner

Gediegen renoviertes Lokal in einem 400 Jahre alten Haus. Raffinierte, bodenständige Küche und beeindruckende Weinkarte. *Grabenstr. 64, Tel. 0316/68 50 90, Sa, So geschl., Mo–Fr 11.30–14, 18 bis 22 Uhr, €€*

HOTELS

Dom

Zentral gelegenes Designerhotel mit allem Komfort und ausgezeichnetem Restaurant. *25 Zi., Bürgergasse 14, Tel. 0316/82 48 00, Fax 82 48 00-8, €€€*

Erzherzog Johann

Schönes altes Stadtpalais im Zentrum mit Restaurant in einem als Wintergarten umgestalteten Arkadenhof. *70 Zi., Sackstr. 3–5, Tel. 0316/81 16 16, Fax 81 15 15, www.erzherzog-jo hann.com, €€€–€€*

SPIEL UND SPORT

Gleich drei Golfplätze finden sich im Großraum Graz: *9 holes* im *Golfclub Schloss Frauenthal* bei *Deutschlandsberg, 27 holes* auf *Gut Murstätten* in *Lebring* und *18 holes* am *Thermengolfplatz* in *Loipersdorf.* Info über Steiermark Tourismus, *Tel. 0316/40 03*

AM ABEND

In der Universitätsstadt Graz verlocken zahlreiche Stehbars und In-Lokale wie z. B. das *Limarutti* am *Färberplatz* oder das *Santa Clara* in der *Abraham-a-Santa-Clara-Gasse* dazu, den Abend inmitten der »jeunesse dorée« zu verbringen. Oper und Schauspielhaus sind ambitioniert geführt, mit Mut zum Experiment. Im *Glockenspielkeller* kann man prominente Literaten treffen.

AUSKUNFT

Touristeninformation

Herrengasse 16, 8010 Graz, Tel. 0316/80 75-0, Fax 80 75 15, www.graztourismus.at, www.steiermark.at

ZIELE IN DER UMGEBUNG

Maria Straßengel   (116/B 3–4)

Nördlich von Graz liegt diese gotische Wallfahrtskirche hoch über den Ufern der Mur. Ihre drei Chöre sind dem Wiener Stephansdom nachgebildet, der Hochaltar stammt von Fischer von Erlach.

Mariazell   (116/B 1)

★ Die Basilika der »Magna mater Austriae« ist nicht nur eine der bedeutenden Wallfahrtskirchen der Welt, sondern galt jahrhundertelang als eigentliches spirituelles Zentrum des Habsburgerreiches. Über dem schlichten hölzernen und mittlerweile prunkvoll geschmückten Gnadenbild aus dem Jahr 1157 haben sich alle architektonischen Epochen verwirklicht. Die ältesten Teile der Kirche sind romanisch, der mittlere der drei Türme ist gotisch, die beiden Seitentürme sind so barock wie der Gnadenaltar Fischer von Erlachs. In jedem Fall lohnt sich auch eine Führung durch die – von zahlreichen gekrönten Häuptern mit wertvollen Votivgaben bestückte – Schatzkammer. *Anfahrtszeit von Graz nach Mariazell: ca. 2 Autostunden*

Riegersburg   (116/C 4)

Als stärkste Festung der Christenheit wurde die Riegersburg häufig bezeichnet. Sie wurde strategisch geschickt auf einem 200 m hohen Felsen gebaut und ragt weit über das oststeirische Land. Die Geschichte der Burg mit ihren acht Bollwerken, fünf Toren und zwei Basteien ist eng mit Hexenverfolgungen und -prozessen verbunden, was auch die Gestaltung des *Burgmuseums* prägt. Das architektonische Juwel der Riegersburg ist der *Rittersaal* mit der berühmten Hausorgel und einem Porträt der »Gallerin«, einer blutrünstigen Gräfin, die auch »die schlimme Liesl« genannt wird. *April–Okt. tgl. 9–17 Uhr, Eintritt 4,5 Euro*

Stainz (116/B 4)

Zwischen Stainz und der Festungsstadt Deutschlandsberg breitet sich das weststeirische Schilcherland aus, das nach der hier angebauten, äußerst säurehaltigen »Blauen Wildbachrebe« benannt ist, aus welcher der zwiebelfarbene, roséartige »Schilcher« gekeltert wird. Der Wein prägt hier Landschaft und Menschen. Deren kulturelles Zentrum ist das ehemalige Augustiner Chorherrenstift Stainz, das auch eine der schönen hierher ausgelagerten volkskundlichen Sammlungen des Grazer Joanneums beherbergt. *April bis Okt. Di–Sa 9–17 Uhr, Eintritt 2 Euro*

Südsteirische Weinstraße (116/B 5)

★ Die »steirische Toskana« zählt zweifellos zu Österreichs bezauberndsten Landschaften. Sie verläuft im Wesentlichen entlang der »Südsteirischen Weinstraße«, die von *Leutschach* über *Gamlitz* nach *Ehrenhausen* (bemerkenswert ist hier die manieristische Bauweise des berühmten Mausoleums Rupprechts von Eggenberg) führt und sich im Sausalgebirge rund um Österreichs höchstgelegenen Weinort *Kitzeck* fortsetzt. Die trockenen, frischen und säurestarken steirischen Weine genießen einen ausgezeichneten Ruf.

KLAGENFURT

(115/D 5) Wenn man in den alten Sagen über die Stadt (90 000 Ew.) stöbert, stellt man sich unter Klagenfurt ein romantisches Städtchen mit einem Hang zum Makabren vor. Denn Totenweiber, so genannte »Klaga«, sollen es gewesen sein, die der Stadt ihren Namen gaben. Und der Lindwurm, der heute, in Chloritschiefer gemeißelt, den *Neuen Platz* ziert, soll seinerzeit ganz wild auf die auch heute noch bekannt hübschen Klagenfurterinnen gewesen sein, bevor ihm mit Hilfe einer List das Handwerk gelegt wurde.

Wer dieser Tage durch Klagenfurt spaziert, gewinnt einen weit weniger romantischen Eindruck. Trotz vieler alter Bauwerke wie etwa dem berühmten *Landhaus* wirkt Klagenfurt niemals mittelalterlich, spitzwinkelig und verträumt, sondern eher wie eine durchaus sachliche Landesmetropole von heute. Moderne Geschäftsstraßen und Fußgängerzonen, ein schöner Markt und zahlreiche weitläufige Plätze prägen das Stadtbild.

BESICHTIGUNGEN

Alter Platz

Im Herzen der Fußgängerzone gelegen, besticht dieses schöne städtebauliche Ensemble nicht nur durch die *Pestsäule* aus dem Jahre 1680, sondern auch durch die vielen alten Bürgerhäuser, deren schönstes jenes *Zur Goldenen Gans (Nr. 31)* ist.

Domkirche

Die früheste Wandpfeilerkirche Österreichs wird vom mächtigen Hochaltar mit einem Altarblatt von Daniel Gran und einem Christusbild von Paul Troger geprägt. Seit 1787 dient das sehenswerte Gotteshaus den Bischöfen von Gurk als Domkirche. *Domplatz*

Landhaus

Kernstück dieses Ende des 16. Jhs. errichteten und wohl repräsentativsten Profanbaus der Stadt ist der berühmte Wappensaal mit Deckengemälden von Fromiller und Lobisser sowie den 963 Emblemen der einstigen Landstände. *Landhausplatz, Anfang April–Ende Sept. Mo–Fr 9–12 und 13–18 Uhr*

Lindwurm-Denkmal

Das Wahrzeichen von Klagenfurt steht am *Neuen Platz* und wurde 1582 bis 1590 von Ulrich und Andreas Vogelsang aus einem einzigen Chloritschieferblock gemeißelt.

Minimundus

Die »kleine Welt am Wörthersee« ist ein Muss jedes Klagenfurt-Besuchs. Im Maßstab 1:25 wurden hier die berühmtesten Gebäude der Welt vom Taj Mahal bis zum Eiffelturm in einem sehenswerten Freilichtmuseum nachgebaut. *Villacherstr. 241, Juli und Aug. tgl. 8–19 Uhr (Mi und Sa bis 21 Uhr), Mai, Juni und Sept. tgl. 8.30–18 Uhr, April und Okt. tgl. 8.30–17 Uhr*

Stadtpfarrkirche

☙ Vom 92 m hohen Turm des dem hl. Egyd geweihten barocken Gotteshauses genießt man einen phantastischen Panoramablick über Klagenfurt und den Wörther See. *Stadtpfarrplatz*

Diözesanmuseum

Österreichs größte Sammlung sakraler Kunst birgt vor allem wertvolle Plastiken, Handschriften und Reliquien sowie das älteste österreichische Glasgemälde aus dem Jahr 1170 und das berühmte Fastentuch aus Steierberg. *Lidmanskygasse 10, Juni bis Mitte Okt. Mo–Sa 10–12, Mitte Juni–Mitte Sept. auch 15–17 Uhr, Eintritt 2 Euro*

Landesmuseum für Kärnten

Das Gebäude im Stil der Neorenaissance birgt eine umfassende landeskundliche Sammlung mit vielen prähistorischen Funden, Mineralien und einer übersichtlichen Darstellung der Kärntner Tierwelt. *Museumgasse 2, Di–Sa 9–16, So 10–13 Uhr, Eintritt 2 Euro*

La Promenade

Feine Bistroküche, für all jene, die sich gern überraschen lassen, denn Speisekarte gibt's keine. *Herrengasse 12, Tel. 0463/59 01 09, Di–Sa 11–14, 17–24 Uhr, €€*

La Torre

Die in einem alten Stadtturm offerierte italienische Pasta- und Fischküche bringt den Süden schmackhaft näher. *St. Veit a. d. Glan, Grabenstr. 39, Tel. 04212/ 392 50, So geschl., Mo–Sa 11.30–14, 18–21.30 Uhr, €€€–€€*

Linde

Vor den Toren Klagenfurts gelegenes Hotelrestaurant mit traumhafter Seeterrasse und feiner Küche. Probieren Sie Wörther-See-Fische und Salzburger

Nockerl! *Mariawörth, Lindenplatz 3, Tel. 04273/22 78, tgl. 11.30–15, 18–22 Uhr, Okt.–April geschl., €€*

auch nicht schlecht hat man's im Jazz- und Blueskeller *Kamot* in der Klagenfurter *Bahnhofstr. 9.*

EINKAUFEN

Die meisten Boutiquen gibt es rund um den *Alten Platz,* wo im Sommer von fliegenden Händlern auch Kunsthandwerk verkauft wird. Die ✪ Klagenfurter *Bauernmärkte* – am Benediktinerplatz Donnerstag- und Samstagvormittag, am Pfarrplatz Freitag 7–13 Uhr – bieten eine bunte Vielfalt an frischen Produkten. Edle Brände, Weine, Kärntner Delikatessen verkaufen *Jäger's Feinkost* und die *Vinothek* am Beethovenplatz.

HOTEL

Musil
Exklusives Innenstadthotel mit berühmter Konditorei, Bar und Restaurant. *12 Zi., 10.-Oktober-Str. 14, Tel. 0463/511 66-0, Fax 511 66-4, €€€*

SPIEL UND SPORT

Es gibt kaum eine Sportart, die man rund ums Freizeitparadies Wörther See nicht betreiben könnte. Neben *Schwimmen, Segeln, Surfen* und *Drachenfliegen (Auskunft Kärnten Tourismus, Tel. 04274/521 00)* gibt es einen *Golfclub* in Dellach am Wörther See *(Tel. 04273/25 15).*

AM ABEND

Das Nachtleben spielt sich in erster Linie rund um den Wörther See ab, wo das *Spielkasino Velden* Mittelpunkt des Society-Treibens ist. Weniger exklusiv, aber

AUSKUNFT

Touristeninformation
Neuer Platz 1, 9020 Klagenfurt, Tel. 0463/53 72 23, Fax 53 72 95, www.carinthia.at

ZIELE IN DER UMGEBUNG

Friesach (115/D 4)
Die älteste Stadt Kärntens liegt am Fuße eines beeindruckenden Burgbergs und nennt mit der *Bartholomäuskirche,* dem *St. Josefskloster,* der *Deutschordenskirche* und der *Burgruine Lavant auf dem Petersberg* zahlreiche Kleinodien mittelalterlicher Kunst ihr Eigen. In Friesach, das auch der Ausgangspunkt des idyllischen Metnitztales ist, finden alljährlich Burgfestspiele statt.

Gurk (115/D 4)
★ Der von der hl. Hemma gegründete *Gurker Dom* ist einer

Der prachtvolle Dom von Gurk

der prächtigsten romanischen Kirchenbauten Österreichs und vor allem wegen der »hundertsäuligen« Krypta mit dem »Hemmastein«, des Gurker Fastentuchs und der Wandmalereien bemerkenswert.

Herzogstuhl (115/D 5)

Nördlich von Klagenfurt an der Bundesstraße nach St. Veit findet man diesen doppelsitzigen Steinklotz aus dem 14. Jh., auf dem die Kärntner Herzöge inthronisiert wurden. *Zollfeld*

Hochosterwitz (115/D 5)

★ ❖ Walt Disney war von dieser Festung so beeindruckt, dass er sie als Vorbild für seine Märchen-Comics verwendete. Wer den mühsamen Aufstieg durch 14 Tore hindurch geschafft hat, wird mit herrlicher Fernsicht und der Besichtigung einer eindrucksvollen Waffenkammer belohnt.

Karnburg (115/D 5)

Auf den Fundamenten eines heidnischen Tempels 927 errichtete und dem hl. Ulrich geweihte, befestigte Kirche, die Kärnten seinen Namen gab.

Magdalensberg (115/D 5)

Römerzeitliche Ausgrabungen aus dem einstigen Zentrum des norischen Königreichs mit angeschlossenem Museum. *Mai bis Mitte Okt. tgl. 9–19 Uhr, Eintritt 4 Euro*

Maria Saal (115/D 5)

Die spätgotische *Wallfahrtskirche* ist vor allem auch wegen des in die Außenmauer eingelassenen römischen Reliefsteins mit der berühmten »Postkutsche« se-

henswert. Gleich in der Nähe lässt sich der lohnenswerte Besuch eines bäuerlichen *Freilichtmuseums* anschließen. *Mai bis Sept. tgl. 10–18 Uhr, bis 26. Okt. 10–16 Uhr, Eintritt 2 Euro*

St. Paul (115/F 5)

Das 1091 gegründete *Benediktinerstift im Lavanttal* mit seiner romanischen Pfeilerbasilika, den Fresken des Thomas von Villach, der 50 000 Bände umfassenden Bibliothek und der angeschlossenen Kunstsammlung gilt als prachtvollste Klosteranlage in Kärnten.

St. Veit an der Glan (115/D 5)

Die frühere Landeshauptstadt mit ihren noch weitgehend erhaltenen Befestigungsanlagen und der alten *Herzogsburg* sowie dem 200 m langen und 30 m breiten *Hauptplatz* zählt zu den schönsten erhaltenen städtebaulichen Ensembles des europäischen Mittelalters.

Wörther See (114–115/C–D 5)

Kärntens größter Badesee wird vor allem von den berühmten Seebädern *Krumpendorf, Pörtschach* und *Velden* beherrscht, deren Hochzeiten als Promi-Treffs inzwischen etwas verblasst sind. Für kunsthistorisch Interessierte sind an seinen Ufern die *Renaissanceschlösser Drasing, Hallegg* und *Hornstein* bemerkenswert, vor allem aber auch der *Wallfahrtsort Maria Wörth* am Südufer mit seiner spätgotischen Madonna und den barocken Schnitzaltären. Als schönster Aussichtspunkt vom Wörtherseeland bis hin zu den Karawanken bietet sich der 54 m hohe Turm auf dem ❖ *Pyramidenkogel* an.

LIENZ

(113/E 5) Wo sich Drau und Isel vereinen, bauten die Grafen von Görz im 13. Jh. ihre mittelalterliche Schlossanlage zu einer stolzen Festung aus. Und hier entwickelte sich die Hauptstadt Osttirols (13 000 Ew.) zu einem pulsierenden urbanen Zentrum, das seinen Reichtum dem bis ins 19. Jh. ertragreichen Erzabbau verdankt. Zu Weltruhm gelangte Lienz jedoch nicht durch seine Boden-, sondern durch seine Kunstschätze. Hier wirkte nämlich der Expressionist Albin Egger-Lienz (1868–1926), der die Eindrücke aus seiner Heimat in ausdrucksvollen Gemälden verewigte.

BESICHTIGUNGEN

Altstadt

Am Zusammenfluss von Drau und Isel liegt die Lienzer Altstadt auf einem organisch gewachsenen Dreieck. Der große *Hauptplatz* mit dem *Florianibrunnen* wird von einer Reihe schöner alter Bürgerhäuser beherrscht. Die zweitürmige *Liebburg* wird heute als Rathaus genutzt. An der Ostfront des Platzes findet man eine der herausragenden Barockkirchen Tirols, die *Spitalkirche St. Josef*. Sehenswert sind vor allem auch die *Michaels-* und die *Franziskanerkirche* sowie die etwas abseits vom Stadtzentrum gelegene romanische *Pfarrkirche St. Andrä*.

Schloss Bruck

Schon im 13. Jh. bauten die Grafen von Görz an strategisch bedeutender Position einen stolzen Ansitz auf die hoch über Iser und Drau thronende Felskuppe.

Das kunsthistorisch bemerkenswerteste Kleinod der Anlage ist die alte *Burgkapelle* mit ihrem romanischen Kern, dem sehenswerten Freskenschatz sowie dem Görzer Altar aus der berühmten Pacherschule.

MUSEUM

Museum der Stadt Lienz

Das *Museum auf Schloss Bruck* vermittelt einen umfassenden Überblick über alles, was die uralte Kulturlandschaft Osttirol zu bieten hat. Der Bogen reicht von den bedeutendsten Ausgrabungsschätzen aus den nahen Fundstätten Aguntum und Lavant über gotische Malerei, eine bäuerliche Gerätesammlung sowie eine umfassende Mineralienabteilung bis zu einer Sammlung von Gemälden des Malers Albin Egger-Lienz. *Palmsonntag–Mitte Juni u. Mitte Juni–Mitte Okt Di–So 10–17 Uhr, Mitte Juni bis Mitte Sept. tgl. 10–18 Uhr, Eintritt 3,5 Euro*

RESTAURANTS

Gannerhof, Innervillgraten

Das alte Bauernhaus, das noch aus dem 17. Jh. stammt, bietet gemütliche Gästezimmer und in den holzvertäfelten Stuben mit Kachelofen eine ausgezeichnete Küche mit Produkten aus eigener Landwirtschaft. *Innervillgraten 93, Tel. 04843/52 40, Di–So 12 bis 14.30, 18–21.30 Uhr, €€*

Parkhotel Tristachersee, Lienz

Anspruchsvolle Küche und eine wunderschöne Seeterrasse, *Tristachersee 1, Tel. 04852/676 66, Mitte Dez.–Mitte Okt. tgl. 12.30 bis 14, 18.30–22 Uhr, €€*

EINKAUFEN

Osttiroler Kunsthandwerk und Schnitzarbeiten sind begehrte Mitbringsel. Am besten sieht man sich etwas um und kauft direkt beim Hersteller, wo man sich von der Qualität der Waren überzeugen kann. Darüber hinaus ist Osttirol berühmt für seine landwirtschaftlichen Produkte wie etwa würzigen Käse, leckeren Bauernspeck oder edle Brände. Kaufen Sie direkt beim Bauern oder in einem der Bauernläden (Lienz, Matrei, Devant, Virgen). Echten Preglerschnaps gibt's bei *Feinkost Zuegg (Lienz, Rechter Iselweg 8)*, Südtiroler Weine in *Vergeiner's Weinboutique (Lienz, Südtiroler Platz 2)*.

HOTELS

Rauter, Matrei
Ein eher modernes und bestens geführtes Hotel *(40 Zi.)* mit eigener Reit- und Tennishalle, eigenem Fischrevier und Gourmetrestaurant *(tgl. 12–14.30 und 18–22 Uhr). Matrei, Rauterplatz 3, Tel. 04875/66 11, Fax 66 13, www.tiscover.com/rauter, €€€*

Traube, Lienz
Romantikhotel direkt am Lienzer Hauptplatz, 51 gemütliche Zimmer, eigenes Fischwasser und eine sehr gute Küche. *Hauptplatz 14, Tel. 04852/644 44, Fax 641 84, www.tiscover.com/traube. Lienz, €€€–€€*

SPIEL UND SPORT

Osttirol hat sich als Zentrum für Sportler aller Art einen Namen gemacht; für Wanderer und Bergsteiger und ganz besonders für Sportfischer: Der Oberlauf der Drau gilt als »mächtigster Äschenfluss« Tirols. Die Lienzer Dolomiten sind eines der schneereichsten Skigebiete ganz Österreichs. Und an klaren Sonnentagen geben sich am blauen Himmel die Paraglider und Drachenflieger ein Stelldichein.

AUSKUNFT

Tourismusinformation für Lienz und Osttirol
Europaplatz 1, 9900 Lienz, Tel. 04852/652 65, Fax 65 26 52, www.tyrol.at

ZIELE IN DER UMGEBUNG

Aguntum (113/E 5)
Die römischen Ausgrabungen zwischen Lienz und Dölsach zeugen von einer der bedeutendsten antiken Siedlungen in den Ostalpen. Sie wurde im 5. Jh. von den Hunnen in Schutt und Asche gelegt und seit dem 18. Jh. wieder freigelegt.

Defereggental (113/D–E 4–5)
30 Almen und der größte Zirbenwald der Ostalpen bestimmen dieses 40 km lange Tal, in dessen Mitte – in der Ortschaft Hopfgarten – einst ein großes Bergbaurevier lag. Hier findet man in 1500 m Höhe auch das höchstgelegene Erholungsdorf Österreichs, *St. Veit.*

Heinfelser Punbrücke (113/D 5)
Die schönste und älteste Hängebrücke Tirols führt am Fuße der Burg Heinfels bei Sillian über den Villgraterbach. Sie ist 86 m lang, besteht aus drei Hängewerken und wurde 1781 von schwäbischen Zimmerleuten erbaut.

Kals (113/E 4)

Direkt am Fuße des Großglockners (3798 m), des höchsten Gipfels in Österreich, liegt dieses mit schönen alten Holzhäusern bestandene Dorf. In Kals wurden die ersten steinzeitlichen Fundstücke in Osttirol geborgen. Unbedingt ansehen sollten Sie sich die *Stockmühlen am Dorferbach*, die einmal wöchentlich in »Schaubetrieb« genommen werden.

Matrei (113/D–E 4)

Das Standbild eines Senators Popainus aus dem 1. Jh. auf einer Porträtsäule im Vorort Bichl ist die älteste Porträtdarstellung des östlichen Alpenraums, doch beileibe nicht die einzige Attraktion des beliebten Erholungsortes, der vor allem durch das alljährliche Matreier Klaubaufgehen volkskundliche Bedeutung hat. Unbedingt besichtigen sollte man *Schloss Weißenstein* am Eingang des Virgentales mit seinem aus dem 12. Jh. stammenden Rittersaal. Im Süden liegt, im Vorort *Ganz*, das berühmte *St. Nikolaus-Kirchlein*, eine der wenigen völlig erhaltenen romanischen Chorturmkirchen mit einem beeindruckenden Freskenschatz aus dem 13. Jh.

Virgental (113/D 4)

In dem vielleicht schönsten Osttiroler Seitental sind vor allem zwei Sakralbauten von überregionaler Bedeutung: die *Allerheiligenkapelle in Göriach* und die berühmte *Wallfahrtskirche in Obermauern*, die alljährlich im Mittelpunkt der österlichen Virgener Widderprozession mit ihrem symbolischen Schlachtopfer steht.

VILLACH

(114/C 5) Am landschaftlich reizvollen Kreuzungspunkt zwischen Gailtal und Drautal liegt die »geheime Hauptstadt Kärntens«, eingebettet zwischen Dobratsch, Bleiberg und Wörther See. Leider war Villach (53 000 Ew.) von den Bombardements des Zweiten Weltkriegs besonders stark betroffen, und daher ist viel von der alten Bausubstanz dieser uralten Kulturstadt verloren gegangen. In Villach – genauer gesagt, im benachbarten Warmbad Villach – kurten nämlich bereits die alten Römer.

Heute ist Villach vor allem ein beliebtes Einkaufs- und Freizeitzentrum für all jene, die an den umliegenden Seen, vor allem Faaker, Ossiacher und Millstätter See, Urlaub machen. Besonders zur Sommerzeit ist Villach daher auch häufig von Besuchern überlaufen. Unser Tipp: Lassen Sie Ihr Auto lieber vor dem Stadtzentrum stehen, Sie ersparen sich so eine langwierige Parkplatzsuche!

BESICHTIGUNGEN

Hauptplatz

Wie Villach vor dem Bombenhagel des Zweiten Weltkriegs ausgesehen hat, belegen noch manche alten Häuser an diesem vom rechten Drauufer beständig ansteigenden Platz, etwa der *Paracelsushof*, der *Hirscheggerhof* aus dem 16. Jh. sowie das *Haus Nr. 13*, in dessen Hoftrakt 1552 Kaiser Karl V. abstieg.

Heiligenkreuzkirche

Sehenswert ist die Wallfahrtskirche im Vorort *Perau* am linken

Drauufer. Das doppeltürmige Gotteshaus gilt als Meisterwerk des Kärntner Barock.

Stadtpfarrkirche St. Jakob

Die dreischiffige Basilika mit dem kunstvollen Netzrippengewölbe, der 1555 entstandenen Steinkanzel und dem Thomas von Villach zugeschriebenen Christophorus-Fresko zählt zu den schönen Kärntner Kirchen. *Kirchplatz 8*

MUSEEN

Fahrzeugmuseum

Direkt an der Draupromenade befindet sich eine liebevoll zusammengestellte Sammlung von Touren- und Gebrauchswagen aus den Jahren 1927 bis 1967. *Draupromenade 12, im Sommer tgl. 9–17, im Winter tgl. 10–12, 14–16 Uhr, Eintritt 4,5 Euro*

Stadtmuseum

In einem Gebäude aus dem 16. Jh. wird die Stadtgeschichte minutiös dokumentiert. Man findet u. a. einen rekonstruierten Wehrgang und Tafelbilder des Thomas von Villach. *Widmanngasse 38, Anfang Mai–Ende Okt. Mo–Sa 10–16.30 Uhr, Eintritt 3,5 Euro*

RESTAURANTS

Kaufmann & Kaufmann

Mediterran inspirierte, feine Küche mit erlesenen Weinen. *Dietrichsteingasse 5, Tel. 04242/ 258 71, Di–Sa 11.30–13.30, 18 bis 22 Uhr, €€*

Tschebull

◉ Das Alpe-Adria-Restaurant am Faaker See bietet hervorragende Kärntner Küche mit einer starken friulanischen Note. *Egg am*

Gemütliches Einkaufen in der Fußgängerzone von Villach

Faaker See, Tel. 04254/21 91, tgl.
11–23 Uhr, €€€

EINKAUFEN

Kärntner Schmankerl bietet
Mittwoch- und Samstagvormittag der *Bauernmarkt* am Burg-
platz, alles unter einem Dach das
Einkaufszentrum *Neukauf*.

HOTELS

Karnerhof
◁▷ Hotel der Superklasse mit
Traumblick. *95 Zi., Egg am Faaker
See, Tel. 04254/21 88, Fax 36 50,
www.karnerhof.co.at, €€€*

Post
Das Khevenhüllerhaus aus dem
16. Jh. verfügt über wunderschöne Zimmer, gemütliche Stuben
und eine gute Küche. *77 Zi.,
Hauptplatz 26, Tel. 04242/261 01,
Fax 26 10 14 20, €€*

AM ABEND

Ein unbedingtes Muss in Villach
ist eine abendliche *Schifffahrt auf
der Drau*, wo man bei Salonmusik
auch ein gepflegtes Abendmenü
einnehmen kann *(Voranmeldung
unter: Tel. 04242/580 71)*. Zum
angenehmen Ausklingenlassen
eines Tages nimmt man eine
Prise Süden mit delikaten Mu-
scheln und frischen Fischen in
der *Trattoria Adriatico (Bamberger-
gasse 5, Sa, So geschl., Mo–Fr ab 17
Uhr, Tel. 04242/263 74, €€)*.

AUSKUNFT

Touristeninformation
*Rathausplatz 1, 9500 Villach, Tel.
04242/205 29 00, Fax 205 29 99,
www.carinthia.at*

ZIELE IN DER UMGEBUNG

Faaker See   (114/C 6)
★ Knapp 10 km vor den Toren
Villachs liegt am Fuße des Mittagskogels einer der sehr schönen und warmen Kärntner Seen
mit dem berühmten ◁▷ *Bildstockblick* bei Egg.

Landskron   (114/C 5)
◁▷ Die alte Burgruine über dem
Ossiacher See lockt mit einem
Panoramarestaurant (tgl. 11–22 Uhr)
und einer *Adlerwarte. Vorführungen
Mai–Sept. tgl. 11, 16 und 18 Uhr*

Maria Gail   (114/C 5)
Der spätgotische Flügelaltar der
Barockkirche am »Drauspitz« ist
ein wertvolles Denkmal gotischer Schnitzkunst.

Millstätter See   (114/B 5)
Der zweitgrößte See Kärntens
besticht nicht nur durch den stil-
len Klosterbezirk von Millstatt,
sondern auch dadurch, dass das
unter Naturschutz stehende
Südufer völlig unverbaut ist und
auch nicht mit dem Auto befahren werden kann: eines der letzten Kärntner Idylle.

Mölltal   (113/E 4)
Das alte Goldsuchertal führt geradewegs zum *Wallfahrtsort Heiligenblut*, wo die berühmte Großglockner-Hochalpenstraße über
den Pasterzengletscher beginnt,
die, vorbei an 37 Dreitausender-
gipfeln, in 31 Kehren in den Salzburger Pinzgau hinüberführt.
Mautpflicht!

Naßfeld   (114/A–B 5)
Im Winter ein beliebtes, schnee-
sicheres Skigebiet ist das von
Hermagor aus leicht erreichbare

Almgebiet um den Gartnerkofel, im Sommer die Heimat der berühmten »blauen Blume« Wulfenia, die nur hier und am Himalaja blüht.

Nockalmstraße   (114/B–C 4–5)

Die Nockberge rund um *Bad Kleinkirchheim* sind ein beliebtes Wintersportgebiet. Im Sommer lädt eine prächtige Alpenstraße ab *Innerkrems* zu einer Tour mit herrlichen Panoramablicken aus 2042 m Höhe ein. Mautpflicht!

Ossiacher See   (114/C 5)

Im Gegensatz zum Wörther See ist der Ossiacher See eher für das beschauliche Familienidyll geeignet. In dieses Bild fügen sich auch die in der barocken *Stiftskirche* von Ossiach alljährlich stattfindenden Konzerte des Carinthischen Sommers perfekt. Von der Aussichtswarte auf der *Gerlitzen*, die man über eine Höhenstraße erreicht, tut sich eines der schönsten Kärntner Panoramen auf.

Schloss Porcia   (114/B 5)

★ Das Architekturjuwel, das von Kunsthistorikern als imposantestes Renaissanceschloss Mitteleuropas bezeichnet wird, befindet sich mitten in *Spittal* an der Drau. Zu den kostbarsten Teilen des Prunkbaus aus dem Jahre 1527 zählen das Marmorportal, die Kassettendecken im Ahnensaal, die Treppenaufgänge sowie der Arkadenhof, der eine ideale Kulisse für die alljährlich hier stattfindenden Komödienspiele mit Stücken von Goldoni bis Nestroy abgibt.

Terra Mystica   (114/C 5)

Wer den Urknall »live« miterleben will, der ist hier richtig. In einem aufgelassenen Bleiberger Bergwerksstollen wurde ein »Aktiv-Museum« mit Multimediashow, unterirdischem Bergsee und rasanten Schachtfahrten eingerichtet. Für Kleinkinder und Angsthasen steht ein Erlebniskindergarten zur Verfügung. *Auskunft: Tel. 04244/ 225 50, Eintritt 13 Euro*

Der Arkadenhof des imposanten Renaissanceschlosses Porcia

Das Seenland in Österreichs Mitte

Die beiden Kernländer Österreichs werden vor allem von der Seenplatte des Salzkammerguts geprägt

Uneingeweihte, und dazu zählen auch viele Österreicher, sind seit jeher der Überzeugung, dass das Salzkammergut nur im Bundesland Salzburg liegen könne, »wie ja schon der Name sagt«. Allein, der Name trügt. Denn die beiden Bundesländer Oberösterreich und Salzburg müssen sich dieses Landschaftsjuwel redlich teilen, wobei Oberösterreich sogar den Löwenanteil davon abbekommen hat. Die fünf Salzburger »Gaue« – der Flachgau, der Tennengau, der Pongau, der Pinzgau und der Lungau – sind natürlich gewachsene alte Kulturlandschaften, die bei aller topografischer Verschiedenheit eines vereint: die allgegenwärtige Salzburger Bergwelt und deren optimale Eignung als Wintersportgebiet. Skizentren wie Saalbach, Bad Gastein, Zell am See oder Filzmoos zählen zu den bekanntesten Orten Österreichs, und sie sind keineswegs nur besuchenswert, wenn der »g'führige Schnee« dazu einlädt, die »Brettln« anzuschnallen, son-

Die schöne Salzburger Bergwelt

dern auch, wenn sie sich im Sommer und Herbst als ideale Bergwanderregionen anbieten. Ausführliche Informationen finden Sie im MARCO POLO Band »Salzburg/Salzkammergut«.

Oberösterreichs Landschaft hat, wiewohl ebenfalls gebirgig – hier liegt auch das vergletscherte Dachsteinplateau –, auch noch andere Facetten und verfügt neben seinem Anteil an der Salzkammergut-Seenplatte auch über weitläufige Beckenlandschaften im Alpenvorland sowie einen Anteil am alten Rumpfschollengebirge nördlich der Donau – dem geologisch gesehen ältesten Teil Österreichs. Oberösterreich wird in Viertel eingeteilt, von denen drei nach Flüssen heißen und eines nach einem Vorgebirge benannt ist: das Mühlviertel im Norden, das Inn- und das Hausruckviertel im Westen und das Traunviertel, das sich von Süden nach Osten erstreckt.

GMUNDEN

(106/C 5) Mit der schönste Landungssteg aller Salzkammergutseen ist der, an dem die Traunseedampfer vor der Gmundener »Esplanade« anlegen. Ein paar Dutzend Schwäne schaukeln gemächlich auf den vom Dampfer aufgeworfenen Seewellen, und wenn man Glück hat, spielt gerade das Keramikglockenspiel im Gmundener Renaissancerathaus eine kleine Melodie. Die Salzstadt Gmunden (13 000 Ew.) – hier wurde das Salz von den Traunschiffen schon im frühen 19. Jh. auf die erste Pferdeeisenbahn des Kontinents verladen – ist das eigentliche Tor zum Salzkammergut und gleichzeitig eine Drehscheibe des internationalen Österreich-Tourismus.

Altmünster (106/C 5)
Die bezaubernde Sommerfrische am Fuße des ❄ *Gmundnerbergs* besticht durch zahlreiche typische alte Salzkammergut-Villen und die spätgotische *Pfarrkirche* mit dem Altar von Michael Zürn (1690).

Ebensee (106/C 5–6)
Die Stadt an der Traunmündung ist Ausgangspunkt für zahlreiche lohnende Ausflüge, u. a. auf den *Feuerkogel*, in die *Gaßl-Tropfsteinhöhle* und zu den völlig unberührten *Langbathseen*.

MARCO POLO TIPPS
FÜR OBERÖSTERREICH UND SALZBURG

1 Traunkirchner Fischerkanzel
Ein prunkvoller Barockschatz in der Kirche Mariä Krönung (Seite 71)

2 Prähistorisches Museum Hallstatt
Alles über die Hallstattkultur, die hier ihr Zentrum hatte (Seite 72)

3 Pacheraltar in St. Wolfgang
Bedeutender Altar von Weltrang (Seite 73)

4 Linzer Martinskirche
Einer der uralten Sakralbauten des deutschen Sprachraums (Seite 73)

5 Enns
Österreichs älteste Stadt mit den römischen Ausgrabungen von Lorch (Seite 74)

6 Kefermarkter Altar
Der von Adalbert Stifter gerettete meisterhafte gotische Flügelaltar (Seite 75)

7 St. Florian
Das bedeutende Barockstift, in dem Anton Bruckner wirkte und begraben ist (Seite 75)

8 Salzburger Dom
Der erste Kirchenbau des italienischen Barock nördlich der Alpen (Seite 76)

9 Getreidegasse in Salzburg
In der berühmten Einkaufsstraße erblickte »Amadeus« das Licht der Welt (Seite 76)

10 Krimmler Wasserfälle
Das Naturschauspiel unter dem speziellen Schutz des Europarates (Seite 79)

Schloss Orth (106/C5)

Das Seeschloss aus dem 17. Jh. mitten im *Traunsee* gilt als Wahrzeichen Oberösterreichs und ist mit dem Landschloss durch eine 125 m lange Holzbrücke verbunden.

Traunkirchner Fischerkanzel (106/C5)

★ ⚘ Die auf einen vorspringenden Felsen am See gebaute *Kirche Mariä Krönung* birgt einen der wertvollsten Kunstschätze des Landes: die barocke »Fischerkanzel«.

MUSEUM

Kammerhofmuseum der Stadt Gmunden

Im ehemaligen Kammerhofgebäude sind eine volkskundliche und eine Keramiksammlung untergebracht. Gedenkräume erinnern an den Komponisten Johannes Brahms und den Dichter Friedrich Hebbel, die beide hier wirkten. *Kammerhofgasse 8, Mai bis Okt. Di–Sa 10–12, 14–17, So 10 bis 12 Uhr, Eintritt 1,5 Euro*

RESTAURANTS

Grünberg

✺ Traumhaft ist die Aussicht auf Schloss Orth, dazu gibt's eine kluge Weinkarte und schmackhafte, bodenständige Kost – und das alles direkt am See. Übernachtungsmöglichkeit im Haus. *Traunsteinstr. 109, Tel. 07612/777 00, Fax 777 00 33, tgl. 11.30–15, 17.30 bis 22 Uhr, €*

Villa Schratt

Hervorragend diniert sich's in der ehemaligen Villa der Schauspielerin und Geliebten Kaiser Franz Josephs, Katharina Schratt.

Bad Ischl, Steinbruch 43, Tel. 06132/276 47, Di und Mi geschl., Do–Mo 12–14.30 und 18–22 Uhr, €€€–€€

EINKAUFEN

Man meide die Gamsbärte in den Souvenirläden und kaufe lieber Gmundener Keramik ein. Es gibt auch einige niveauvolle Trachtengeschäfte.

HOTELS

Freisitz Roith

⚘ Gediegen ausgestattetes Schlosshotel unweit des Sees, mit herrlichem Blick auf den Traunsee. *23 Zi., Traunsteinstraße 87, Tel. 07612/649 05, Fax 649 05 17, €€€*

Waldhotel Marienbrücke

Das idyllisch am Traunufer und etwas abseits vom Zentrum gelegene Haus bietet 29 komfortable Zimmer und eine gute Küche. Angelsportzentrum. *Marienbrücke 5, Tel. 07612/640 11, Fax 640 11 53, €€*

SPIEL UND SPORT

Das Salzkammergut ist ein echtes Freizeitrevier mit *Golfplätzen in Bad Ischl* und *Fuschl, Segel- und Surfschulen* an allen größeren Seen, vielen Möglichkeiten zum *Drachenfliegen* und *Paragliden* sowie für den *Angelsport*, vor allem an der *Gmundener Traun*.

AUSKUNFT

Touristeninformation

Am Graben 2, 4810 Gmunden, Tel. 07612/643 05, Fax 714 10, www. ooe.gv.at

Almtal (107/D 5)

Das idyllische Tal mit dem Hauptort Grünau mündet in den vom Fremdenverkehr noch weitgehend unberührten, romantischen Almsee.

Attersee (106/C 5)

Vor der imposanten Kulisse des Höllengebirges erstreckt sich der größte Badesee Österreichs mit den Hauptorten Kammer, Schörfling, Weyregg, Steinbach und Unterach.

Bad Ischl (106/C 6)

Die einstige Sommerresidenz Kaiser Franz-Josephs besitzt auch heute noch, ob in der berühmten *Konditorei Zauner*, der sehenswerten *Kaiservilla* oder bei den jährlich hier stattfindenden Operettenfestspielen, nostalgisches k. u. k. Flair.

Gosausee (114/B 2)

☙ Das Ansichtskartenidyll schlechthin verfehlt auch beim Lokalaugenschein seine Wirkung nicht: Der winzige Gosausee ist durch seinen fulminanten Dachsteinblick weltberühmt geworden.

Hallstatt (114/B 2)

Die Ortschaft, nach der die Hallstattzeit benannt ist – ausführliche Dokumentation im ★ *Prähistorischen Museum* –, bleibt vor allem durch ihre Hangbauweise sowie zahlreiche Kunstschätze wie den gotischen Karner mit seinen bemalten Totenköpfen und die wertvollen Flügelaltäre in der gotischen Hallenkirche in Erinnerung. Ein unbedingtes Muss sind auch ein Ausflug auf den Salzberg und – von Obertraun aus – auf den dem Dachstein vorgelagerten Krippenstein sowie in die Zauberwelt der Dachstein-Eishöhlen *(Infos über Höhlentouren: Mo–Fr 9–11 Uhr, Tel. 06131/362).*

Mondsee (106/B 5–6)

Das älteste Kloster Österreichs wurde 748 gegründet. Noch viel

Hallstatt schmiegt sich an den steilen Hang des Salzberges

älter sind Reste der berühmten Mondseer Pfahlbaukultur (2500 v. Chr.), die man im *Heimatmuseum* besichtigen kann. Sehenswert ist auch das alte ☀ *Rauchhaus* über der Ortschaft mit traumhaftem Blick auf den wärmsten Badesee des Salzkammerguts.

Wolfgangsee   (106/B–C 6)

Den See zu Füßen des – neben Santiago de Compostela – einstmals meistbesuchten Wallfahrtsortes Europas müssen sich beide Bundesländer aufteilen. Der luxuriöse Badeort St. Gilgen liegt in Salzburg, St. Wolfgang mit seinem weltberühmten ★ *Pacheraltar* (1481) in Oberösterreich. Hier steht auch das operettenselige Hotel *Zum weißen Rössl*. Und von hier führt die vorsintflutliche, 1732 m lange Zahnradbahn auf den ☀ *Schafberggipfel*.

LINZ

(107/E 3) Österreichs größte Industriemetropole mit über 200 000 Einwohnern hat sich besonders in der Altstadt und im Umland noch viel vom Charme vergangener Tage erhalten.

Linz steht auf dem Boden eines alten römischen Kastells. Kaiser Friedrich III., dessen Herz hier auch begraben liegt, diente es von 1489 bis 1493 als Residenzstadt. Johannes Kepler berechnete hier die Planetenbahnen, Wolfgang Amadeus Mozart komponierte seine Linzer Symphonie, Adalbert Stifter schrieb seine großen Romane »Witiko« und »Nachsommer«, und der im nahen Ansfelden geborene Anton Bruckner gilt als »Genius loci«.

BESICHTIGUNGEN

Alter Dom

Die von P. F. Carlone erbaute Jesuitenkirche St. Ignatius ist der eindrucksvollste Barockbau der Stadt. Besonders bemerkenswert sind die Krismann-Orgel und die geschnitzten Kirchenbänke. *Domgasse 3*

Hauptplatz

Der 220 m lange und 60 m breite Platz mit den zahlreichen Barock- und Rokokofassaden zählt zu den großen Plätzen Mitteleuropas. In seinem Zentrum steht die barocke *Dreifaltigkeitssäule*, das Wahrzeichen der Stadt. Gleich gegenüber liegt das *Alte Rathaus* aus dem 16. Jh.

Landhaus

Die oberösterreichische Landesregierung hat ihren Sitz in einem wunderschönen Renaissancepalais. Der wappengeschmückte Planetenbrunnen im Arkadenhof, wo im Sommer auch musiziert wird, ist vor allem durch seine Ikonografie von Bedeutung. *Klosterstr. 11*

Martinskirche

★ Am Gipfel des alten »Römerberges« steht dieses 799 erstmals erwähnte frühmittelalterliche Gotteshaus, das zu den ältesten Sakralbauten des deutschen Sprachraums zählt. *Römerstr.*

Neuer Dom

Die neogotische Basilika Mariä Empfängnis erinnert an den Wiener Stephansdom. Der Turm sollte ursprünglich höher als sein 137 m hohes Wiener Vorbild werden, wurde dann aber nach massivem Wiener Widerstand um drei Meter niedriger gebaut. *Baumbachstraße*

Pöstlingberg

Auf den 537 m hohen Linzer Hausberg führt die steilste zahnradlose Bahn Europas, hinauf zur spätbarocken *Wallfahrtskirche Sieben Schmerzen Marias.*

MUSEEN

Ars Electronica Center

✝ Was heute schon alles rund um unser virtuelles Leben möglich ist und was uns die Computerzukunft noch bescheren wird, ist in diesem faszinierenden Erlebnismuseum zu bestaunen. *Hauptstraße 2, Mi–So 10–18 Uhr, Eintritt 5,5 Euro*

Schlossmuseum

Das Landesmuseum in der über der Altstadt thronenden Burganlage aus der Renaissance birgt umfangreiche landeskundliche Sammlungen. Zu den wertvollen Exponaten zählen der Eggelsberger Flügelaltar, die historische Weinberger Schlossapotheke sowie die Gemäldegalerie mit Werken von Troger bis Klimt und Kokoschka. *Tummelplatz 10, Di–Fr 9–17, Sa, So 10–16 Uhr, Eintritt 2 Euro*

RESTAURANT

Verdi

✳✳ Hoch über Linz kann man neben der traumhaften Aussicht auch eine hervorragende Küche genießen. Abends im gepflegteleganten Restaurant, mittags rustikal in der »Einkehr«. *Pachmayrstr. 137, Tel. 0732/73 30 05, Restaurant nur Di–Sa 18–24 Uhr, €€€–€€*

EINKAUFEN

Die Fußgängerzone entlang der Landstraße ist eines der vielfältigen Einkaufszentren des Landes. Hier liegen u. a. das *oberösterreichische Heimatwerk,* das auch die berühmten Sandler Hinterglasbilder anbietet, zahlreiche Modegeschäfte und einige Läden mit Geschirr (z. B. *Schachermayer*), in denen man u. a. auch die typische Gmundener Keramik erstehen kann.

HOTEL

Ramada

Neben dem Design-Center gelegenes Komforthotel. *236 Zi., Europaplatz 2, Tel. 0732/695 90, Fax 69 59 85 55, www.fastnet.com. au, €€€*

AM ABEND

Die Gegend zwischen *Hauptplatz* und *Schlossberg* gilt mit ihren zahllosen Szenelokalen als Linzer Bermuda-Dreieck. Das kulturelle Angebot reicht von Aufführungen im *Landestheater* und im *Ursulinenkeller* über Konzerte im *Brucknerhaus* bis zu regelmäßigen Pop- und Jazzveranstaltungen im *Posthof* nahe dem Donauhafen.

ZIELE IN DER UMGEBUNG

Enns (107/E 4)

★ Die älteste Stadt Österreichs (1212) ist an ihrem ✳✳ *Renaissancestadtturm* schon von weitem zu erkennen. Im Vorort *Lorch* kann man sich im *Museum Lauriacum* über einige der wichtigen römischen Ausgrabungen Österreichs informieren.

Freistadt (107/E 2)

Im Hauptort des Mühlviertels nördlich der Donau sind noch große Teile der alten Stadtbefestigungen *(Linzer- und Böhmertor)* sowie zahlreiche Bürgerhäuser mit gotischem Kern erhalten. Besonders sehenswert ist das volkskundlich orientierte *Mühlviertler Heimathaus,* das in der ehemaligen Landesfürstlichen Burg zu finden ist. *Schlosshof 2, Führungen Mai–Okt. Di–Sa 10 und 14, So 10 Uhr, im übrigen Jahr Di–Fr 10, Di und Do 14 Uhr, Eintritt 2, 5 Euro*

Grein (107/F 4)

Das mittelalterliche Städtchen am Fuße der Greinburg (sehenswertes *Schifffahrtsmuseum*) beherbergt auch Österreichs kleinstes Theater, ein Rokoko-Kleinod aus dem Jahre 1790.

Kefermarkt (107/E 3)

★ Der von Adalbert Stifter vor der Verrottung gerettete *Kefermarkter Altar* (in der *Pfarrkirche*) zählt zu den bedeutenden Schnitzaltären Europas.

Kremsmünster (107/D 4)

Das Benediktinerstift wurde 777 von Herzog Tassilo gegründet, nach dem auch der hier aufbewahrte, weltberühmte Tassilokelch benannt ist. Kulturhistorisch bedeutend ist auch die als »mathematischer Turm« angelegte Sternwarte.

St. Florian (107/E 4)

★ Neben Melk ist das *Augustiner-Chorherren-Stift,* in dem Anton Bruckner, der »Musikant Gottes«, wirkte und auch begraben liegt, die wohl eindrucksvollste Klosteranlage Österreichs. Sehenswert sind vor allem die *Stifts-*

kirche von C.A. Carlone, der Marmorsaal mit den Altomonte-Fresken, die Bibliothek und der in den Kunstsammlungen aufbewahrte Sebastiansaltar des deutschen Malers Albrecht Altdorfer (1518).

Schlägl (107/D 2)

Das *Böhmerwald-Kloster* der Prämonstratenser Chorherren birgt eine schöne Gemäldegalerie und unterhält u. a. Österreichs letzte Klosterbrauerei.

Steyr (107/E 4–5)

Die alte Eisenstadt am Zusammenfluss von Enns und Steyr spiegelt ihren jahrhundertelangen Reichtum noch in vielen alten Bürgerhäusern des weitgehend intakten historischen Stadtensembles wider. Das berühmteste ist das gotische *Bummerlhaus* (1497) am *Stadtplatz.*

Wels (107/D 4)

Das einstige mittelalterliche Handelszentrum ist auch heute noch als Einkaufsstadt berühmt. In der ehemals kaiserlichen *Burg* findet man das Sterbezimmer Kaiser Maximilians I. Das *Stadtmuseum* birgt eine der kulturhistorisch reichhaltigsten Sammlungen Österreichs. *Minoritenplatz 1, Di–Fr 10–17, Sa, So 10–12 Uhr, Mo geschl., Eintritt frei*

Wilhering (107/D 3)

Der größte und wertvollste Zentralbau des österreichischen Rokoko liegt vor den Toren von Linz direkt am Donauufer. Den reichen Freskenschmuck der 1146 gegründeten und 1733 erneuerten *Zisterzienserabtei* schufen die beiden bekannten Brüder Altomonte.

Lassen Sie sich von Salzburgs Charme bezaubern

SALZBURG

(113/F 1) Wer Salzburg sagt, der denkt zunächst an Mozartkugeln und den »Sound of music«. Doch so zuckersüß wie das Image der Salzachmetropole (140 000 Ew.) ist ihre Geschichte beileibe nicht gewesen. Im Gegenteil: Die oft recht blutrünstige Historie der Residenz der Salzburger Fürsterzbischöfe gemahnt gar nicht selten an jene von Fürstenhäusern wie die der Medici oder Borgia. Mit Letzteren verband die stets als besonders lebenslustig geltenden und weltlichen Dingen gegenüber durchaus aufgeschlossenen Salzburger Bischöfe von Wolfdietrich bis Markus Sittikus auch die Liebe zu prachtvollen Prunkbauten. Von denen gibt es in der Mozartstadt so viele, dass es als »Florenz des Nordens« gepriesen wird. Es ist gewiss auch kein Zufall gewesen, dass Max Reinhardt und Hugo von Hofmannsthal sich entschlossen, ihren »Jedermann« auf dem Salzburger Domplatz zu inszenieren und damit das Startsignal für die wohl berühmtesten Festspiele der Welt zu geben.

BESICHTIGUNGEN

Dom

★ Der vom hl. Virgil 767 gegründete und 1614 bis 1628 von Santino Solari völlig neu erbaute Dom ist mit seiner 75 m hohen Kuppel und einem Fassungsraum für über 10 000 Menschen der erste Kirchenbau des italienischen Barock nördlich der Alpen. Vor der eindrucksvollen Fassade wird am *Domplatz* jährlich der »Jedermann« aufgeführt.

Franziskanerkirche

Auf höchst eindrucksvolle Weise schlichter, romanisch-gotischer Kirchenbau mit einem barocken Hochaltar des österreichischen Baumeisters Fischer von Erlach. *Franziskanergasse*

Getreidegasse

★ Die vielleicht berühmteste Straße Österreichs ist vor allem durch ihre schmiedeeisernen Handwerkszeichen bekannt (selbst McDonald's hat hier ein solches). Im Haus *Nr. 9* wurde Mozart 1756 geboren. *Sein Geburtshaus ist tgl. 9–18 Uhr, im Sommer bis 19 Uhr geöffnet, Eintritt 4,5 Euro.*

Hellbrunn

Kernstück des Lustschlosses von Markus Sittikus (7 km südlich des Zentrums) ist der achteckige, freskengeschmückte Festsaal. Wer keine Angst hat, nass zu werden, der sollte auch die manieristisch-grotesken Hellbrunner Wasserspiele besuchen. Im Schlosspark finden Sie auch das *Monatsschlösschen* (heute *Volkskundemuseum*), den *Salzburger Tiergarten* und das berühmte *Steinerne Theater*.

Hohensalzburg

Die Festung Hohensalzburg, die man von der Altstadt aus mit einer Standseilbahn erreicht, ist eine der wenigen voll-ständig erhaltenen Burganlagen Mitteleuropas. Sehenswert sind vor allem die *Fürstenzimmer* und die *Goldene Stube*, in der auch der berühmte »Salzburger Stier« untergebracht ist, eine Walzenorgel aus dem Jahre 1502, die *tgl. um 7, 11 und 18 Uhr* zu hören ist. Das *Burgmuseum ist tgl. 9–17 Uhr geöffnet*.

Kollegienkirche

Die von Fischer von Erlach aus-geführte Universitätskirche be-sticht vor allem durch die vier Kapellen mit Statuen von Meinrad Guggenbichler. *Universitätsplatz*

Maria Plain

In der barocken Wallfahrtskirche im Norden der Stadt wurde 1779 Mozarts berühmte Krönungsmesse uraufgeführt. *Bergheim bei Salzburg*

Mirabell

Das von Erzbischof Wolf Dietrich für seine Geliebte Salome Alt 1727 errichtete und später von Lukas von Hildebrandt um-gebaute Lustschloss ist vor allem durch seine Gartenanlage, den Mirabellgarten, bemerkenswert. Hier befinden sich auch das Salzburger *Mozarteum*, der liebenswerte *Zwerglgarten* und das berühmte, nach Pariser Vorbild geschaffene *Heckentheater*. *Mirabellplatz*

In der *Orangerie* von Schloss Mirabell hängen eine interessante Sammlung barocker Gemälde sowie Stiche und Entwürfe von Carlone bis Rubens. *Barockmuseum und Mirabellgarten, Di–Sa 9–12, 14–17, So 9–12 Uhr, Eintritt 3 Euro*

Nonnberg

Das vom hl. Rupert um 700 gegründete Frauenkloster ist einer der schönsten gotischen Sakralbauten Salzburgs. Sehenswert sind vor allem die Johanniskapelle und das Felsengrab der hl. Erentrudis. *Hoher Weg*

Pferdeschwemme

Als Verkleidung eines ehemaligen Steinbruchs gestaltete 1695 Fischer von Erlach diese Anlage, die als Bad zur Reinigung der Pferde des Marstalls diente. *Sigmundsplatz*

Residenz

Vom Neugebäude der 1592 bis 1602 erbauten Residenz erklingt *tgl. um 7, 11 und 18 Uhr* das Salzburger Glockenspiel aus dem Jahre 1702. Die eigentliche Residenz wurde bereits ab 1596 im römischen Palaststil errichtet und beherbergt die bedeutenden Kunstsammlungen der *Residenzgalerie* sowie die berühmte *Herkulesgrotte. Juni–Sept. tgl. 10 bis 17 Uhr, Eintritt 5 Euro*

St. Peter

Die vom hl. Rupert 690 gegründete Abtei gilt als Keimzelle der christlichen Kultur des Ostalpenraums. Die romanische Stiftskirche wurde im 17. Jh. barockisiert. Über dem angeschlossenen St.-Peters-Friedhof befindet sich der Eingang zu frühchristlichen Bethöhlen, den Katakomben. *Franziskanergasse*

Untersberg

❄️ Nahe dem erzbischöflichen Schloss Leopoldskron führt eine Seilbahn auf den Gipfel des 1853 m hohen Salzburger Hausbergs (schöne Spazierwege).

MUSEUM

Carolino Augusteum

Eine der großen kunst- und kulturhistorischen Sammlungen Salzburgs mit den Schwerpunkten Antike, gotische Tafelmalerei, Musikinstrumente, altes Spielzeug und Kunstgewerbe. *Museumsplatz 1, Di–So, im Advent und in der Festspielzeit tgl. 10–18 Uhr, Eintritt 3 Euro*

RESTAURANTS

Auerhahn

☸ Das beste Salzburger Beisl verbirgt sich in der wenig noblen Bahnhofsgegend. *Bahnhofstr. 15, Tel. 0662/451 05 20, So abends und Mo geschl., Di–So 11.30–14, Di–Sa 18–22 Uhr, €€*

Pfefferschiff

Etwas außerhalb, idyllisch gelegenes, stilvolles Restaurant mit ausgezeichneter Küche. *Salzburg-Hallwang, Söllheim 3, Tel. 0662/66 12 42, Di–Sa 12–13.30, 18.30–21.30 Uhr, €€€*

EINKAUFEN

Die *Getreidegasse* mit ihren zahlreichen Durchhäusern ist Salzburgs Einkaufszentrum, elegant, stilvoll, nicht gerade billig. *Haute Couture* kauft man bei *Resmann, Hüte* bei *Scheiblberger, Gemüse* am *Markt vor der Kollegienkirche, Delikatessen* bei *Stranz & Scio.*

HOTELS

Brandstätter

Komfortables Landhotel im Vorort Liefering, Hallenbad, Sauna und sehr gute Küche. *30 Zi., Münchner Bundesstr. 69, Tel. 0662/43 45 35, Fax 43 45 35 90, €€*

Schloss Mönchstein

Leben (und zahlen) wie ein Fürsterzbischof, in einem der besonders schön gelegenen Stadthotels der Welt. *17 Zi., Mönchsbergpark 26, Tel. 0662/84 85 55-0, Fax 84 85 59, www.moenchstein.at, €€€*

AM ABEND

Treffpunkt der Festspiel-Society ist das *Café Bazar (Schwarzstr. 3, Tel. 0662/87 42 78, So und Mo geschl.).* Als Mittelpunkt von Salzburgs Bermuda-Dreieck gilt das *Chez Roland (Giselakai 15, Tel. 0662/87 43 35, So geschl.).* Wer es gerne etwas urtümlicher hat, geht zu *Steinlechners Heurigem (Aigner Str. 4, Tel. 0662/62 90 01)* oder in Salzburgs *1. Weißbierbrauerei (Rupertgasse 10, Tel. 0662/87 22 46).*

AUSKUNFT

Touristeninformation

Mozartplatz 5, 5020 Salzburg, Tel. 0662/84 75 68

Badgastein (113/F 4)

»Österreichs St. Moritz« mit seinen Grandhotels und Villen aus den Zeiten der Monarchie ist auch ein Zentrum echten Brauchtums (Perchtenlauf, Krampustag) und unverfälschter Volkskunst geblieben. Der Wasserfall mitten im Ort zählt zu Österreichs schönsten.

Filzmoos (114/B 2)

Der romantisch gelegene, kleine Wallfahrtsort im Pongau ist ein Zentrum der österreichischen Ballonfahrt und des Angelsports in naturbelassenen Gebirgsbächen *(Auskunft: Hotel Hubertus, Hr. Maier, Tel. 06453/8204)* sowie ein internationaler Familienwintersportort.

Hallein (113/F 1)

Die alte Salinenstadt am Fuße des schon von den Kelten bewohnten Dürrnbergs verfügt über ein schönes mittelalterliches Stadtensemble. Unbedingt sehenswert: das *Bergwerksmuseum im Salzbergwerk* und das *Keltenmuseum.*

Krimmler Wasserfälle (113/D 3)

★ Die aus 380 m spektakulär herabstürzenden *Wasserfälle im Nationalpark Hohe Tauern* stehen als einzigartiges Naturschauspiel unter dem speziellen Schutz des Europarates.

Saalfelden (113/E 2)

Das *Heimatmuseum* im nahen *Schloss Ritzen* birgt u. a. die größte alpenländische Krippenschau Österreichs. In der Nähe ist die *Einsiedelei St. Georg,* wo Österreichs letzter Eremit lebt.

Tamsweg (114/C 3)

Die »Goldfenster« genannten Glasgemälde der 1433 erbauten *Leonhardikirche* zählen zu den wichtigeren Sakralkunstwerken Österreichs.

Wagrain (114/A 2)

Die landschaftlich besonders reizvolle Heimat des Dichters Karl Heinrich Waggerl ist heute ein sehr beliebtes Wintersportzentrum.

Werfen (114/A 2)

Von Schloss Hohenwerfen, der stolzen *Festung im Pongau,* läutet Österreichs nach der Wiener Pummerin zweitgrößte Glocke. In Werfen ist auch der Ausgangspunkt für die Besichtigung der außerordentlich bemerkenswerten Höhlensysteme der *Werfener Eisriesenwelt.*

Schloss Hohenwerfen

Zell am See (113/E 3)

Das internationale Alpenseebad am Zeller See ist Mittelpunkt der Pinzgauer Skiregion mit den Wintersportorten *Saalbach* und *Hinterglemm* sowie Ausgangspunkt der Seilbahn, die auf das Kitzsteinhorn führt, wo man im Winter wie im Sommer Ski fahren kann.

Land und Ländle
»im Gebirg«

*Durch ihre abgeschiedene geografische Lage steuern Tirol
und Vorarlberg seit jeher einen rundum eigenständigen Kurs*

Der Westen Österreichs hat seine eigenen Gesetze. Ob in Tirol oder in Vorarlberg: Die Bewohner verstehen sich zwar als Österreicher, legen aber doch auf eine größtmögliche Eigenständigkeit wert, wie es wohl typisch für alle Völker ist, die in einem »Land im Gebirg« leben, wie Tirol früher einmal genannt wurde. Diese unleugbare Neigung vieler Tiroler zu einem gewissen »Separatismus« ergibt sich in mancherlei Hinsicht schon aus der Geografie dieses Landes, das sich wie eine riesige Gebirgsfestung im Herzen Europas verschanzt hält.

Tirol ist größer, als man manchmal glaubt: Das breite Inntal und seine zahlreichen kleineren und größeren Seitentäler, vom Brixen-, Ziller- und Stubaital bis zum Wipp-, Ötz-, Pitz- und Paznauntal, die an einen norwegischen Fjord erinnernde Wasserzunge des Achen-

sees, der breite Gebirgskessel des Mieminger Plateaus – insgesamt 12 647 km^2 Landesfläche geben hochalpinen Anschauungsunterricht und bilden für die 611 000 Einwohner des Landes wohl die wesentlichste Grundlage ihres heutigen, im Übrigen sehr hohen Lebensstandards. Ausführlich berichtet der MARCO POLO Band »Tirol«.

Vieles, was für Tirol stimmt, gilt auch fürs benachbarte, allerdings wesentlich kleinere Vorarlberg. Bevölkerungsmäßig ist es das kleinste, flächenmäßig das zweitkleinste österreichische Bundesland, das von Tirol durch den monolithische Block des Arlberggebiets getrennt ist. Während die Tiroler ihre Blicke eher nach Südtirol richten, sind die Vorarlberger als die »Schweizer Österreichs« bekannt: Bienenfleißig und mit alemannischer Unbeirrtheit halten sie ihr kleines Stückchen Erde, wie man hier zu Lande zu sagen pflegt, »bestens in Schuss«. Eine florierende Textilindustrie und der Fremdenverkehr haben Vorarlberg zu einem der reichsten österreichischen Bundesländer gemacht.

Die 13 m hohe Annasäule in der Maria-Theresien-Straße vor dem Panorama der Nordkette ist eines der Wahrzeichen der Stadt Innsbruck

BREGENZ

(110/B2) Dass Bregenz eine Festspielstadt ist, will es das ganze Jahr über nicht verleugnen. Die berühmte Seebühne am Bodensee wird zwar den Winter über »eingemottet«, prägt aber dennoch das Bild der Uferpromenade und damit das Bregenzer Stadtbild, ebenso wie die Silhouette des neuen Festspielhauses. Bregenz, das bereits zur Römerzeit besiedelt war und damals Brigantium hieß, ist das, was man eine kleine, aber feine Landeshauptstadt nennt. Mit nur 25 000 Einwohnern kann man es fast als Kleinstadt bezeichnen.

BESICHTIGUNGEN

Martinsturm

Er gilt als eigentliches Wahrzeichen von Bregenz und ist mit seiner Zwiebelhaube aus dem Jahr 1602 das älteste barocke Bauwerk im Bodenseegebiet. *Deuringstraße*

Pfänder

Den 1064 m hohen Bregenzer Hausberg mit der großartigen Aussicht über Bodensee und Hochgebirge erreicht man über eine Seilbahn oder in etwa anderthalb Stunden auch zu Fuß.

Seekapelle

Das kleine Kirchlein mit dem bemerkenswerten Renaissancealtar aus Schloss Hofen wurde 1408 zum Andenken an den Sieg über die Appenzeller Bauern gestiftet. *Rathausstr.*

Thalbach

Die alte Klosterkirche in der Oberstadt birgt wertvolle Kunstschätze wie etwa eine Sitzmadonna aus dem 14. und eine Pietà aus dem 15. Jh. *Thalbachstraße*

MUSEUM

Vorarlberger Landesmuseum

Direkt am zentralen *Kornmarkt* gelegen, bietet Vorarlbergs größtes Museum in drei thematisch gegliederten Stockwerken einen umfassenden Streifzug durch die Landesgeschichte. Die schönsten Exponate sind die original nachgebauten Bürger- und Bauernstuben aus Bludenz und dem Montafon sowie ein besonders schönes romanisches Vortragekreuz aus dem 13. Jh. *Di–So 9–12 und 14–17 Uhr*

RESTAURANTS

Deuring-Schlössle

So elegant wie das Ambiente in diesem Schlösschen über Bregenz, so anspruchsvoll ist die exzellente Küche von Heino Huber. Luxuriös übernachten kann man auch – zu ebensolchen Preisen. *Ehre-Guta-Platz 4, Tel. 05574/478 00, Mo mittag geschl., Di–So 12–14, tgl. 18.30–22 Uhr, €€€*

Weinstube Ilge

Mitten in der Innenstadt verwöhnt das an ein Bistro erinnernde Lokal seine Gäste mit österreichischer, italienischer und französischer Küche sowie passenden Weinen. *Maurachgasse 6, Tel. 05574/436 09, Mo geschl., Di–So 18–23 Uhr, €€*

EINKAUFEN

Vorarlberg ist vor allem für seine Textilien mit Markennamen wie

Hämmerle oder Rhomberg bekannt. Bregenz ist daher auch ein guter Platz zum Einkaufen unverfälschter Trachtenmode.

Bemerkenswert ist auch die hiesige Käsekultur; die hier erzeugten Bergkäse können sich ohne weiteres mit denen der Schweiz messen.

HOTELS

Schwärzler
Angenehmes, sehr zentral gelegenes Hotel mit allem Komfort. *60 Zi., Landstr. 9, Tel. 05574/ 49 90, Fax 475 75, www.schwaerzler-hotels.com, €€*

Weißes Kreuz
Komfortables Innenstadthotel in Seenähe. *45 Zi., Römerstr. 5, Tel. 05574/49 88-0, Fax 49 88 67, €€*

AUSKUNFT

Touristeninformation
Bahnhofstraße 14, 6900 Bregenz, Tel. 05574/49 59-0, Fax 49 59 69, www.vorarlberg.at

ZIELE IN DER UMGEBUNG

Arlberg (110/C 3–4)
★ Der seit der Gründung des berühmten Arlberg-Hospizes im Jahre 1386 erschlossene Alpen-

MARCO POLO TIPPS
FÜR NORDTIROL UND VORARLBERG

1 Arlberg
Österreichs mondänstes Wintersportgebiet zwischen Lech und Zürs (Seite 83)

2 Schloss Ambras
Das »Versailles von Innsbruck« mit seinen Kunst- und Wunderkammern (Seite 85)

3 Das Goldene Dachl
Innsbrucks weltberühmtes Wahrzeichen aus rund 3000 vergoldeten Kupferschindeln (Seite 85)

4 Hofkirche
Das – leere – Innsbrucker Mausoleum Kaiser Maximilians I. (Seite 85)

5 Hall
Ein geschlossenes mittelalterliches Stadtensemble mit dem 45 m hohen Münzerturm (Seite 87)

6 Ötztal
Das längste der Seitentäler des Inns ist auch eines der schönsten (Seite 88)

7 Feste Kufstein
Das Wahrzeichen des Inntals mit der ersten Freiorgel der Welt (Seite 89)

8 Achensee
Der schönste und größte Bergsee Tirols (Seite 90)

9 Rattenberg
Die märchenhafte alte Glasbläserstadt am Inn (Seite 90)

10 Zillertal
Die alte Zillertalbahn führt in Tirols wohl beliebtestes Fremdenverkehrsgebiet (Seite 90)

übergang hat sich seit der Eröffnung des Arlbergtunnels 1885 zu einer der wichtigsten Ost-West-Verbindungen Europas gemausert. Vor allem ist das Arlberggebiet jedoch Österreichs vielleicht exklusivste Wintersportregion mit den Hauptorten Zürs und Lech. *Hotel: Brunnenhof, Lech, 28 Zi., Tel. 05583/23 49, Fax 23 49 59, €€€*

Bludenz (110/B 3–4)

Seit es 1270 zur Stadt erhoben wurde, gilt Bludenz als Zentrum und »Viehmarkt« des Montafon. Sein Stadtbild mit den Renaissancelaubengängen und Teilen der einstigen Stadtbefestigung konnte sich Bludenz bis heute erhalten. Im *Oberen Tor* ist das *Stadtmuseum* mit dem berühmten Muttersberger Altar untergebracht. *Kirchgasse 9, Juni–Ende Sept. Mo–Sa 15–17 Uhr, Eintritt 2 Euro*

Bregenzerwald (110/B 2)

Gewissermaßen den sanften Kontrapunkt zur zerklüfteten Gebirgslandschaft des Arlbergs setzt der Bregenzerwald. Er beginnt beim *Dorf Warth* am *Hochtannberg* und ist Österreichs westlichster Alpenausläufer. Rund um die »Bregenzeracht« hat sich bis heute viel echte Volkskultur in den hier »Tobeln« genannten Seitentälern erhalten. Die in *Schwarzach bei Dornbirn* beginnende Bregenzerwaldstraße streift alle wichtigen Orte des Gebiets, von Schwarzenberg über Bezau bis Bad Hopfreben.

Dornbirn (110/B 2–3)

Das *Rote Haus* am *Marktplatz* der alten Webereimetropole ist eines der ältesten und typischsten

Das Rote Haus in Dornbirn, typisches Fachwerk aus dem Rheintal

Rheintaler Bürgerhäuser. Es stammt aus dem Jahr 1634.

Feldkirch (110/A–B 3)

Im »Schatten« der mittelalterlichen Schattenburg (12.Jh.) liegt diese alte Schulstadt, die auch den Beinamen »Studierstädtle« trägt. Sehenswert sind vor allem das 1493 entstandene *Rathaus* mit der Ratsstube aus der Zeit um 1700 sowie das Wahrzeichen der Stadt, das *Chure Tor*.

Hohenems (110/B 3)

Das von Martino Longo in den Jahren 1562–67 erbaute *Renaissanceschloss* steht mit seinem 1610 erbauten Rittersaal alljährlich im Mittelpunkt des Kammermusikfestivals »Schubertiade«. In Hohenems befindet sich auch der Bregenzer Flughafen.

Rankweil (110/B 3)

Mitten in der Ortschaft Rankweil thront der wichtigste Sakralbau Vorarlbergs, die auf einem Hügel über dem Rhein gelegene, auf den Überresten eines römischen Kastells und einer montfortischen Dienstmannenburg errichtete *Wallfahrtskirche* »Unsere liebe Frau«.

INNSBRUCK

(112/A 3) Wer den historischen Charme Innsbrucks (117 000 Ew.) kennen lernen will, der findet ihn nicht nur in seinen alten Gassen und Laubengängen, sondern auch auf den Fassaden der alten Bürgerhäuser, deren Freskenreichtum oft anschaulicher ist als so manches dicke Geschichtsbuch. Da gibt es etwa, nicht weit vom berühmten Goldenen Dachl entfernt, das mit vielen Erkern geschmückte Katzungshaus, auf dem Turnier-, Tanz- und Musikantenszenen den ganzen historischen Bilderbogen dieser an Geschichte und Geschichten so reichen Stadt beschwören. Es war vor allem Kaiser Maximilian I., genannt »der letzte Ritter«, der das Bild dieser Stadt so nachhaltig geprägt hat. Sosehr sich Innsbruck seit den Zeiten der Renaissance auch geändert haben mag, eines ist gleich geblieben: Eine vitale, fast südliche Lebenslust beherrscht die Stadt. Die Boutiquen können sich mit jenen Norditaliens durchaus messen, und die Garderoben vor allem der jungen Innsbruckerinnen können es nicht minder.

BESICHTIGUNGEN

Schloss Ambras

★ Das »Versailles« des Tiroler Landesfürsten Erzherzog Ferdinand II. (1529–1595) befindet sich auf einem vorspringenden Felsen am Innsbrucker Stadtrand. Der Spanische Saal wird als einer der schönsten Renaissancesäle Europas bezeichnet.

Sehenswert ist auch die Raritätenkollektion der im Schloss untergebrachten Kunst- und Wunderkammern. Der Park des Schlosses steht in der Tradition grotesk-verspielter Renaissancegärten. *April–Sept. Mi–Mo 10–17 Uhr, Eintritt 3,5 Euro*

Annasäule

☙ Die 13 m hohe, von einer Marienstatue gekrönte Annasäule vor dem Panorama der Nordkette gilt neben dem Goldenen Dachl als eines der Wahrzeichen der Stadt. Sie erinnert an den Abzug der bayerischen Truppen 1703. *Maria-Theresien-Straße*

Goldenes Dachl

★ Die unter Maximilian I. errichtete Hofloge gilt mit als die reizvollste Schöpfung der deutschen Spätgotik. Der um 1500 vollendete zweigeschossige Erker besteht aus dreierlei Marmor und das Dach aus um die 3000 feuervergoldeten Kupferschindeln. *Herzog-Friedrich-Straße*

Hofburg

Aus der alten gotischen Burganlage nach Entwürfen Albrecht Dürers wurde unter Kaiserin Maria-Theresia eine Anlage im Stil des Wiener Schlosses Schönbrunn. Daran erinnern auch die Prunkräume und Kaiserapartements sowie der Riesensaal mit den glanzvollen Deckenfresken von Franz Anton Maulbertsch. *Tgl. 9–17 Uhr, Eintritt 3,5 Euro*

Hofkirche

★ Kaiser Maximilian ruht keineswegs in seinem nach eigenen Plänen errichteten Monumentalgrabmal, sondern in Wiener Neustadt, was der Imposantheit des Mausoleums keinen Abbruch tut. 28 Erzstatuen, darun-

Besonders hübsch bei Sonnenschein: das Goldene Dachl in Innsbruck

ter die nach Entwürfen von Albrecht Dürer gestalteten Plastiken von König Arthus und Theoderich dem Großen, bewachen den leeren Sarkophag. Im Gegensatz zum »letzten Ritter« liegt der Tiroler Freiheitsheld Andreas Hofer tatsächlich hier begraben. Andreas Hofer führte den Kampf gegen die Napoleonischen Truppen 1809. *Universitätsstr. 3, So 9 bis 12, Mo–Sa 9–17 Uhr, ansonsten zu Gottesdienstzeiten*

Stadtturm
❄ Der 57 m hohe Stadtturm in der *Maria-Theresien-Straße* bietet von seiner 1560 aufgesetzten Renaissancehaube aus das schönste aller Innsbruck-Panoramen.

Wilten
Das Prämonstratenserstift Wilten und die Basilika *Unsere Liebe Frau unter den vier Säulen* zählen zu Innsbrucks besonders beeindruckenden Gotteshäusern. Der frühbarocke Bau der

Stiftskirche wird von zwei bemerkenswerten Kolossalstatuen der sagenhaften Riesen Haymon und Thyrsus flankiert. Die der Stiftskirche gegenüberliegende *Wiltener Basilika* gilt als schönste Rokokokirche Tirols. *Bergisel*

Alpenverein-Museum
Seinem Ruf als Bergsteigermetropole wird Innsbruck mit dem liebevoll gestalteten Museum gerecht, in dem sich naturgemäß alles um die attraktive Bergwelt rundum dreht. Auch für Kinder sehr lohnend! *Wilhelm-Greil-Str. 15, Mo, Di, Do, Fr 10–17, Mi 12–19, Mai–Okt. auch Sa 10–13 Uhr, Eintritt 2 Euro*

Ferdinandeum
Umfangreiche Dokumentation des Tiroler Kulturschaffens der letzten Jahrhunderte mit Altdeutscher und Niederländer-Galerie sowie zahlreichen Wer-

ken von Cranach bis Egger-Lienz. *Museumstr. 15, im Sommer tgl. 10 bis 17 Uhr, Do auch 19–21 Uhr, im Winter eingeschränkte Öffnungszeiten, Eintritt 3,5 Euro*

RESTAURANTS

Kapeller

Im Schatten des Schlosses lässt sich hier in Ambras vortrefflich nach deftiger Tiroler Art speisen. *Philippine-Welser-Str. 96, Tel. 0512/ 34 31 01, Di–Sa 12–14.30, 18 bis 21.30 Uhr, €€*

Wilder Mann

❂Das wahrscheinlich beste, schönste und traditionsreichste Restaurant im Raum Innsbruck liegt in der bezaubernden Landschaft des Lanser Mittelgebirges. *Lans (ca. 10 Autominuten von Innsbruck), Tel. 0512/37 96 96, tgl. 11 bis 24 Uhr, €€*

EINKAUFEN

Die beste Möglichkeit, in Innsbruck einzukaufen, bietet sich bei einem Bummel durch die Altstadt. Die vielen schönen Geschäfte für Porzellan und Tischkultur führen auch Produkte der Tiroler Glasbläser. Für Trachten und Kunsthandwerk empfiehlt sich das Tiroler Heimatwerk, *Meraner Str. 2–4.*

HOTELS

Europa-Tyrol

Das erste Haus am Platz galt als Stammhaus der Hocharistokratie und ist bis heute stolz auf seine gepflegte Klientel. In nachgebauten Tiroler Bauernstuben wird ausgezeichnete Küche serviert. *100 Zi., Südtiroler Platz 2, gegenüber dem Hauptbahnhof, Tel. 0512/59 31, Fax 58 78 00, www.europatyrol.com, €€€*

Schwarzer Adler

Zentral gelegenes, alteingeführtes Romantikhotel. *26 Zi., Kaiserjägerstr. 2, Tel. 0512/58 71 09, Fax 56 16 97 www.tiscover.com/roman tikhotel-schwarzer-adler, €€€*

AM ABEND

Wer Lust auf einen gut gemixten Cocktail verspürt, ist bei Barkeeper Giovanni in der ❂ *Europa-Bar (Hotel Europa, Südtiroler Platz 2)* bestens aufgehoben. Kulturbeflissene gehen ins *Tiroler Landestheater,* zu Schlosskonzerten auf *Schloss Ambras* oder folgen dem aktuellen Veranstaltungsprogramm.

AUSKUNFT

Touristeninformation

Burggraben, 6020 Innsbruck, Tel. 0512/598 50, Fax 59 85 07, www. tyrol.at

ZIELE IN DER UMGEBUNG

Hall (112/B 3)

★ Was heute fast wie ein Vorort von Innsbruck wirkt, war im Mittelalter wirtschaftliches Zentrum Tirols. Hall hat sein Stadtbild seit damals fast bis ins kleinste Detail erhalten. Die Innenstadt gilt als der besterhaltene Stadtkern Österreichs. Das Wahrzeichen Halls ist der 45 m hohe ✿ *Münzerturm* mit herrlicher Aussicht und *Stadtmuseum. Juli/ Aug. tgl. 10–15 Uhr, Eintritt 2,5 Euro*

Igls (112/A–B 3)

✿ Die Sonnenterrasse der Innsbrucker. Der Luftkurort (900 m) am Patscherkofel ist am schönsten mit der Bergstraßenbahn ab Wilten am Bergisel zu erreichen.

Imst (111/E 3)
Die »Stadt der Brunnen« ist die geschäftige Drehscheibe des Oberinntals. Hier findet alle vier Jahre am vorletzten Sonntag der Fasnacht das berühmte Schemenlaufen statt, der größte Fasnachtsumzug der Ostalpen.

Landeck (111/D 4)
Schloss Landeck ist das Herzstück dieser 816 m hoch gelegenen Stadtgemeinde mit schönen alten, freskengeschmückten Bürgerhäusern. In den mittelalterlichen Mauern der Burg hoch über der Innschlucht ist ein wunderschönes *Museum* des Tiroler

Der eindrucksvolle Stuibenfall

Oberlandes mit dem berühmten »Prandtauerzimmer« eingerichtet. *Ende Mai–Ende Sept. tgl. 10 bis 17 Uhr, im Oktober tgl. 14–17 Uhr*

Ötztal (111/E 3–4)
★ Mit 65 km ist dieses nach seinem Hauptort Ötz benannte Tal das längste aller Seitentäler des Inns. Es verläuft, vorbei am berühmten *Stuibenfall*, bis tief hinein in die Gipfelregionen rund um Sölden und Obergurgl. Die malerische Ortschaft *Ötz* wird ob ihrer üppigen Vegetation mit Pfirsich- und Kastanienbäumen auch »das Meran Nordtirols« genannt. Hotel: *Central, Sölden, 85 Zi., Tel. 05254/226 00, Fax 226 05 11,* €€€

Seefeld (111/F 3)
Auf dem Mieminger Plateau liegt, hoch über dem Inntal und vor der machtvollen Kulisse des Karwendelgebirges, dieser exklusive Ferienort am idyllischen Wildsee. Die *Seefelder Pfarrkirche* darf das schönste spätgotische Portal Tirols ihr eigen nennen. Für Sportliche gibt es ein Erlebnishallenbad, einen Golfplatz, Eislaufbahnen und zahllose erstklassige Skipisten. Das als landesweite Attraktion geplante disneymäßige *Playcastle Tirol*, »Europas größtes Erlebnisschloss«, wurde im November 2000 nach nur wenigen Monaten Laufzeit bis auf weiteres wieder geschlossen.

Stams (111/E 3)
Das *Zisterzienserstift* aus dem Jahre 1273 gilt mit seiner berühmten Tiroler Fürstengruft als das schönste Barockstift in Tirol. Das angeschlossene Sportgymnasium ist die Talentschmiede für Österreichs Wintersportasse.

Stubaital   (111/F 4)

Eine »ganz normale« Straßen-
bahn, die mitten ins Tal der 40
Dreitausender mit ihren 80 Gletschern hineinführt, kann man in
Innsbruck bei der Wiltener Basilika besteigen und damit über
Natters, Mutters und Telfs bis
hinein nach Fulpmes fahren. Dabei überwindet die seit der Jahrhundertwende bestehende Berg-
tramway einen Höhenunter-
schied von 413 m.

Wattens/Kristallwelten   (112/B 3)

Die unterirdischen, von André
Heller gestalteten Swarovski-
Kristallwelten entführen in eine
faszinierende Erlebniswelt aus
funkelnden Kraftfeldern und
Licht. Mit Shop und Café. *Nov.
geschl., tgl. 9–18 Uhr, Eintritt 75 ÖS*

KUFSTEIN

(112–113/C–D 2) Für die meisten Ur-
lauber beginnt hier die erste Be-
kanntschaft mit Tirol, zu diesen
ältesten Siedlungsgebieten diese
Region zählt. Der markante Fes-
tungsberg stand von Völkerwan-
derungszeiten bis zu den Tiroler
Freiheitskämpfen unter histo-
rischem Dauerfeuer. Kufstein
(14 000 Ew.) ist nicht nur für seine
Wehrhaftigkeit, sondern auch für
seinen Handwerksfleiß bekannt.
Der »große Sohn« der Stadt ist
Schneidermeister Josef Maders-
perger, der hier 1814 die erste
Nähmaschine erfand.

Feste Kufstein

★ 🌼 Von der kufenförmig in
einen Felsen hoch über dem
Inn gehauenen Festung genießt
man eine hinreißende Aussicht
auf den Wilden Kaiser. Einen Besuch lohnt auch die so genannte
Heldenorgel, die 1931 geschaffene erste Freiorgel der Welt,
deren Klänge täglich um die
Mittagszeit kilometerweit zu
hören sind. In einem Festungs-
trakt werden neben volkskundlichen Stücken aus der Geschichte
Kufsteins vor allem die Funde aus
der 30 000 Jahre alten Tischofer-
höhle am Eingang des Kaisertals
gezeigt, darunter die berühmte
Höhlenbärengruppe. *April–26.
Okt. tgl. 9–18 Uhr, Eintritt 7 Euro*

Auracher Löchl

Direkt am Fuße des Festungslifts
liegt diese ehemalige Brauerei.
In einem sehenswerten Gebäude aus dem Spätmittelalter wird
traditionelle Tiroler Hausmannskost geboten. *Römerhofgasse 3–5,
Tel. 05372/621 38, tgl. 12–14.30
und 18–22 Uhr, €*

Batzenhäusl

Das erste und älteste Weinhaus
Tirols in einem 500 Jahre alten
Gebäude stammt aus der Zeit
Kaiserin Maria Theresias, die
selbst einmal hier logierte. *Rö-
merhofgasse 1, Tel. 05372/624 33,
Mo–Sa 12–14.30, 18–22 Uhr, €*

Die legendäre Sommelierserie
der Kufsteiner Riedel-Glashütte
mit den vielleicht berühmtesten
Weingläsern der Welt ist nur eine
der Attraktionen der ständigen
Verkaufsausstellung der berühmten Glasbläserei. Die Besichtigung der Fabrik ist gratis. *Wei-
sachstr. 28–34, Mo–Do 10–12 und
13–14, Fr 10–13 Uhr*

HOTEL

Alpenrose

Sehr zentral, nächst der Glashütte Riedel, liegt dieses Komforthotel, erstklassiges Restaurant. *22 Zi., Weissachstr. 47, Tel. 05372/ 621 22, Fax 62 12 27, €€*

AUSKUNFT

Fremdenverkehrsinformation

Münchnerstr. 2, 6330 Kufstein, Tel. 05372/622 07, Fax 614 55

ZIELE IN DER UMGEBUNG

Achensee (112/B 2)

★ Der 10 km lange und nur einen Kilometer breite smaragdgrüne See zwischen Karwendelund Rofangebirge gilt als »Tiroler Fjord«, vor allem wegen seiner Temperaturen zwischen 10 und maximal 18 Grad. Beliebt ist Tirols größter See, der über 130 m tief ist, vor allem als Revier für Windsurfer, Segler, Drachenflieger und Paraglider. Sehenswert an seinen Ufern ist neben der historischen *Achensee-Zahnradbahn* auch die barocke *Notburgakirche in Eben*.

Kitzbühel (113/D 2)

Die historische Silberminen-Stadt mit Blick auf den Wilden Kaiser gilt als Wiege des Tiroler Wintersports. Hier fanden schon 1907 die ersten Skimeisterschaften statt. 1937 schlug die Geburtsstunde des berühmten Hahnenkammrennens, das bis heute als societyträchtigstes Wintersportereignis der Saison gilt. Im Sommer kann man die »Streif« auch mit dem Mountainbike abfahren. Die Kitzbüheler Innenstadt mit ihren alten Bürgerhäusern aus dem 15. und

16. Jh. gilt als idealtypisches Beispiel ländlich-bürgerlicher Stadtarchitektur.

Rattenberg (112/C 2)

★ Das schönste geschlossene mittelalterliche Stadtensemble Tirols findet sich neben Hall ohne Zweifel in der alten Glasbläserstadt Rattenberg, die vor allem wegen des idyllischen Malerwinkels besuchenswert ist. Nicht minder lohnend ist die hervorragende Konditorei im Stadtzentrum.

Schwaz (112/B 3)

»Aller Bergwerke Mutter« hieß diese historische Stadt am Inn früher. An ihre Blütezeit als Silber- und Kupferminenstadt erinnert das längst stillgelegte Bergwerk. Mit einer Grubenbahn werden heute Touristen in ein *Museum* gefahren, um Bergwerksatmosphäre zu schnuppern. *Im Sommer tgl. 8.30–17, im Winter 9.30–16 Uhr, Eintritt 10 Euro*

Zillertal (112/C 3)

★ Das Seitental des Inns ist wahrscheinlich das bekannteste. Seit der Einweihung der dampfenden Zillertalbahn um die Jahrhundertwende steht dieser Landstrich mit seinen zahllosen Almen, Schluchten, Gletschern und Wasserfällen, ausladenden Skigebieten und malerischen Ortsbildern im Mittelpunkt des Fremdenverkehrs. Hauptorte sind *Mayrhofen, Fügen* und *Zell am Ziller*. Hinter Mayrhofen beginnt das abgelegene *Tuxertal*, das – im Winter wie im Sommer – vor allem bei Gletscherskifahrern beliebt ist. Hotel: *Neuhaus (140 Zi.), Mayrhofen, Am Marktplatz 202, Tel. 05285/67 03, €€*

Natur und Technik

Die hier beschriebenen Routen sind auf der Übersichtskarte im vorderen Umschlag und im Reiseatlas ab Seite 106 grün markiert

① MIT DEM AUTO AUF DIE GROSSGLOCKNER-HOCH-ALPENSTRASSE

 Das Befahren der gut ausgebauten Straße erfordert etwas Übung im Bergfahren. Bei gutem Wetter bietet der Ausflug, der einen Tag in Anspruch nimmt, phantastische Blicke auf die Gletscherwelt. Wegen der Wintersperre ist diese Tour nur von ca. Mai bis September möglich.

Österreichs höchster Berg, der 3798 m hohe Großglockner, war schon immer ein Symbol, um das sich allerlei Sagen von Blutwundern, Goldsuchern und seltsamen Begebenheiten ranken. Ein solches Symbol ist auch die Hochalpenstraße, die in den Dreißigerjahren gebaut wurde und als Inbegriff österreichischen Aufbauwillens gilt. Etwa 30 Kehren, rund 48 Kilometer, 12 Prozent maximale Steigung – das sind die nüchternen technischen Daten, die dieser imposanten Tagestour zu Grunde liegen. Als Ausgangspunkt dient entweder *Heiligenblut* (vom Kärntner Mölltal aus) oder die Ortschaft *Bruck* auf Salzburger Seite, wo

auch unsere Tour beginnt. Über das *Fuscher Törl* und vorbei an *Schleierwasserfall* und wildromantischer *Bärenschlucht,* gelangt man zur so genannten *Edelweißstraße,* von der aus ein Ausblick auf 37 Dreitausender mit insgesamt 19 Gletschern zu genießen ist. Das 2505 m hoch gelegene *Hochtor,* die höchste Stelle der Straße, bildet auch die Grenze zu Kärnten. Von hier erreicht man über Guttal die eigentliche Gletscherstraße, die bis zur *Franz-Josephs-Höhe* führt, welche die Sicht auf das Glocknermassiv mit seinen 40 Gletschern freigibt, vor allem jedoch auf die 9,4 km lange und 1,2 km breite *Pasterze,* einen 19 km^2 großen und 300 m dicken Gletscher, der in der Eiszeit entstanden ist und sich alljährlich um etwa 10 bis 20 m zurückzieht. Hier befindet sich der Betrachter inmitten des weiträumigen *Nationalparks Hohe Tauern,* in dem rund 10 000 Tierarten, darunter Alpensteinbock, Gämse, Murmeltier, Schneehuhn und Steinadler, leben. Hinab in die Kärntner Talgründe geht die imposante Fahrt weiter in Richtung

Mölltal (S. 66), das bei *Heiligenblut*, dem Kärntner Eckpfeiler der Großglockner-Hochalpenstraße, erreicht wird. Hier lohnt sich auf jeden Fall eine Rast an der spitztürmigen Pfarrkirche des hl. Vinzenz: nicht nur wegen der Kunstschätze in der Kirche, sondern auch, weil sich von der Terrasse vor der Kirchenpforte ein unvergesslicher Blick auf eine der schönsten Gebirgsszenerien Österreichs darbietet.

② INDUSTRIEDENKMÄLER AN DER STEIRISCHEN EISENSTRASSE

 Diese Tagestour mit dem Auto führt zu Spuren der Blütezeit des Eisens. Hin und zurück ist die Strecke 140 Kilometer lang.

Der steirische Erzberg, auch Steirischer Brotlaib genannt, sorgte über 1200 Jahre lang für den Wohlstand der so genannten Hammerherren. Auf Grund der schwierigen wirtschaftlichen Lage ist der Erzbau mittlerweile stark zurückgegangen, doch ein Abstecher auf die rund 70 km lange Steirische Eisenstraße zwischen Leoben und Altenmarkt, wo die »Hammerherrenherrlichkeit« von anno dazumal trotz allem lebendig blieb, ist nach wie vor interessant. Der Tagesausflug beginnt in *Leoben*, das Sitz der Montanuniversität ist und dessen Architektur so manche Erinnerung an die Blütezeit des Eisens verschafft. Von hier aus biegt man in die Bundesstraße 115 ein und fährt über die alte Eisenmetropole *St. Peter-Freienstein* nach *Trofaiach*, wo ein interessantes *Heimatmuseum (Sa 10–12 und 15 bis 17 Uhr, So 10.30–12 Uhr)* auf Schloss Stibichhofen einen kurzen Besuch lohnt. Der nächste bedeutende Punkt auf der eisernen Route ist *Vordernberg*, eine Ortschaft, die einst unangefochten die Spitzenstellung in der Eisenverhüttung hielt. Sehenswert sind das *Zahnradbahnmuseum (tgl. 9–12 und 14–17 Uhr)* sowie zahlreiche Ruinen von Radwerken aus dem 17. Jh. Im 19. Jh. wichen diese Stucköfen den ersten Hochöfen, doch auch die sind mittlerweile großteils verfallen und werden vor allem von spielenden Kindern geschätzt. Zu den wertvollsten industriearchäologischen Resten zählt das *Radwerk IV (Di–So, Führungen 9.30 und 16 Uhr)*, das in Fachkreisen als Meisterwerk früher Industriearchitektur genannt wird. Als Hochofenmuseum vermittelt dieses Radwerk einen detailgetreuen Überblick über den Ablauf der Roheisenerzeugung und die weitere Verarbeitung des Eisens. Wie geschickt man in früheren Jahrhunderten mit Eisen umzugehen wusste, bezeugt beispielsweise der prächtige Marktbrunnen auf dem Vordernberger Hauptplatz. Von Vordernberg ist es nicht mehr weit bis nach *Eisenerz*, wo seit Hunderten von Jahren Erz abgebaut wird. Auf den Spuren der alten Knappen lässt es sich heute relativ bequem durchs *Schaubergwerk* wandern *(Steirischer Erzberg: Mai–Okt., Führungen tgl. 10, 12.30 und 15 Uhr; Eisenmuseum im Kammerhof: Mai–Okt. tgl. 9–17, Nov. bis April Di–Fr 9–12 Uhr)*. Nehmen Sie sich danach vielleicht noch etwas Zeit für einen kleinen Stadtbummel durch Eisenerz, um das Wahrzeichen der Stadt, den 1580 von Radmeistern erbauten *Schichtturm*, anzuschauen, von dem aus in alten Zeiten die Glocke zum Schichtwechsel rief.

Folgt man der Steirischen Eisenstraße nunmehr weiter in Richtung *Hieflau*, so tritt die Technik allmählich zu Gunsten weitgehend unberührter Naturlandschaften zurück, wie etwa am malerischen Leopoldsteiner See mit der Kulisse des mächtigen Hochschwabmassivs. Da ziehen die Ennstaler Alpen und das wuchtige Gesäusemassiv am Autofahrer vorbei wie in einem Cinemascope-Film. Und schließlich ist da noch *Hieflau* selbst, mitsamt einer ehemaligen Eisenwerksiedlung, einem alten Holzfangrechen in der Enns und zahlreichen Mauerresten von Hochofenbauten. Entlang der Enns führt die eiserne Fahrt weiter nach *Landl*, einem von Wildwasserfahrern und Bergsteigern viel besuchten Gebiet, und nach *Altenmarkt*, dem Endpunkt der Steirischen Eisenstraße. Wenn vor der Heimreise noch etwas Zeit bleibt, empfiehlt sich ein kurzer Abstecher nach *St. Gallen*, dessen Pfarrkirche mit Kunstwerken des Kremser Schmidt und von Bartolomeo Altomonte aufwarten kann. Über dem hübschen Ort mit bemerkenswerten Bürgerhäusern erhebt sich die *Burgruine Gallenstein* mit Burgmuseum und überwältigendem Panoramablick auf die nördlichen Gesäuseberge.

Für die Rückfahrt wählen Sie entweder denselben Weg oder aber die Strecke weiter auf der B 117 bis nach *Admont (S. 54)*, von wo Sie entweder die landschaftlich attraktivere Route entlang des Gesäuses oder die schnellere Alternative entlang der B 113 nehmen können.

③ ZU DEN SCHÖNSTEN KÄRNTNER SEEN

 Diese rund 200 km lange Tagestour führt von Klagenfurt aus zu den meistbesuchten Seen Kärntens und vorbei an zahlreichen attraktiven Ausflugszielen.

Sieben auf einen Streich, dieses Kunststück ist nicht nur dem Tapferen Schneiderlein vorbehalten – das können auch all jene vollbringen, die sich zu dieser Tour in die landschaftlich reizvolle Kärntner Seenwelt aufmachen. Dabei ist die Zahl Sieben keineswegs über-, sondern eher untertrieben. Denn mit ein bisschen Zeit ließe sich das gute Dutzend Seen leicht voll machen. Und dennoch hätte man damit erst einen Bruchteil der insgesamt 198 Kärntner Seen besucht. Von der Kärntner Landeshauptstadt *Klagenfurt (S. 58)* aus losfahrend, ist *Maria Loretto* an der Ostspitze des Wörther Sees gleich der erste Stopp. Nach einem Blick auf die malerische Kapelle und das ehemalige Lustschloss des Grafen Orsini-Rosenberg gibt die zauberhafte Aussicht auf den *Wörther See (S. 61)* einen ersten Vorgeschmack auf die landschaftlichen Schönheiten, die da noch folgen. Auf der Bundesstraße 83 geht es flott am Nordufer des Sees entlang, vorbei an den Badeorten *Krumpendorf* und *Pörtschach*. Keinesfalls still und beschaulich, sondern eher turbulent präsentiert sich auch *Velden*, der nächste Badeort, mit Spielkasino und dem aus der gleichnamigen Fernsehserie berühmten Schloss am Wörther See.

Bei Velden wird der Wörther See verlassen, und die Fahrt geht weiter in westliche Richtung, es sei denn, es ist ein Abstecher ins südlich gelegene *Rosegg* mit Wildpark, Schloss und Wachsfigurenmuseum geplant. Um den innerstädtischen Verkehrswirrnissen von Villach zu entgehen, empfiehlt es sich, ab Velden auf die Autobahn zu fahren und die Ausfahrt Villach-Nord, Ossiacher See anzusteuern, wobei sich der Blick auf die stolze *Ruine Landskron (S. 66)* lohnt. Sicherlich noch lohnenswerter wäre es, die kurze Auffahrt zur Ruine auf sich zu nehmen, wo Burgrestaurant, Adlerflugschau und niedliche Äffchen am Affenberg auf Besucher warten. Im Schatten der Ruine Landskron erstreckt sich in nordöstlicher Richtung der smaragdgrüne *Ossiacher See (S. 67)*. Das berühmte Stift Ossiach, das architektonisch interessante Steinhaus von Günther Domenig sowie die Kanzelbahn auf die Gerlitzen sind die Hauptattraktion dieses Feriengebietes.

Die Seentour führt von hier weiter auf der B 98 in nordwestliche Richtung. In *Treffen* sind Riehls Puppenwelt und ein Wald- und Pilzmuseum zu bewundern, und bald ist der in die Nockberge eingebettete *Afritzer See* mit dem unmittelbar benachbarten *Feld*- oder *Brennsee* erreicht. Über Radenthein, das Tor zur Bad Kleinkirchheimer Bergwelt, gelangt man schließlich über Döbriach zu Kärntens zweitgrößtem See, dem *Millstätter See (S. 66)*. Außer dem ehemaligen Benediktinerstift Millstatt liegen hier zahlreiche Museen – etwa das Foltermuseum auf Burg Sommeregg, das Plüschtier- oder das Fischereimuseum in Seeboden.

Ehe hinter Seeboden der Rückweg in Richtung Südosten eingeschlagen wird, steht mit *Schloss Porcia* in *Spittal* an der Drau *(S. 67)* ein Pflichtbesuch auf dem Programm. Auf dem Weg nach Villach könnte bei *Baldersdorf* und *Molzbichl* im frühchristlichen Museum Carantana ein Bildungsstopp eingelegt werden. Danach geht es allerdings zügig auf der A 10 in Richtung Villach weiter, und in Höhe des *Magdalenensees*, eines winzigen Badeidylls an der Villacher Stadtgrenze, wird hinter dem Knoten Villach die Ausfahrt Faaker See angepeilt. Nicht zuletzt wegen der malerischen Kulisse des mächtigen Mittagskogels und des fast schon kitschig-schönen Bildstockblicks bei Egg ist der *Faaker See* eine beliebte Urlaubsadresse.

Weniger bekannt, dafür umso hübscher ist der nahe *Aichwaldsee*. Die schönste Anfahrt dahin ist die Straße über Drobollach und Faak am See, die im Windschatten der Burgruine Finkenstein und des Klettergartens am Kanzianiberg in die B 85 mündet. In östlicher Richtung lässt sich dann bald nach Latschach ein kurzer Blick auf den rechts, etwas tiefer gelegenen See erhaschen. Ein kurzer Halt auf dem Parkplatz lohnt sich. Durch das malerische Rosental mit *Feistritzer* und *Ferlacher Stausee*, vorbei an der Wallfahrtskirche Maria Elend und der Hollenburg, führt die Route nunmehr auf der B 91 über das ehemalige Stift Viktring wieder zurück nach Klagenfurt. Wer hingegen das erwähnte Dutzend an Seen voll machen möchte, der unternimmt bei Viktring noch rasch einen Abstecher zur Seenplatte rund um Keutschach mit *Rauschele-, Keutschacher-, Penken- und Hafnersee*.

Österreich für Einsteiger

Schnuppertouren durch die Ebenen und in die Bergwelt

MIT DEM FAHRRAD DURCH DIE WACHAU

Dauer: 1–2 Tage je nach Abstechern und Sightseeing, rund 70 km hin und zurück ohne Abstecher. Bequeme Radtour in der Ebene; für die Extratouren auf Anhöhen ist etwas Ausdauer vonnöten. Fahrräder können bei der Österreichischen Bundesbahn und den Schiffsstationen der Wachau geliehen werden.

(108/B 3) Die Ufer der Donau gelten bereits ab Passau als Eldorado für Radfahrer – die mit Abstand schönste Strecke bilden jedoch die 35 Stromkilometer durch die Wachau. Die Radpartie im idyllischen Donaudurchbruch mit seinen Burgen, Stiften und Weinterrassen beginnt in *Melk*, wo sich ein erster Abstecher zum gleichnamigen *Benediktinerstift* anbietet. Sehenswert sind die imposante Klosterbibliothek und das in Gold gefasste Melker Kreuz (1362). Von Melk aus geht es über die Donaubrücke hinüber ans linke Donauufer, zur Sonnenseite der Wachau. Wer genug Puste hat, sollte bei *Markt Aggsbach* auf die kleine Straße nach *Maria Laach* abzwei-

gen und so lange in die Pedale treten, bis die gleichnamige *Wallfahrtskirche* am Jauerling mit dem berühmten Gnadenbild der sechsfingrigen Madonna erreicht ist. Bergab geht's dann bequemer zurück nach *Willendorf*, der Fundstätte der *Venus von Willendorf*, einer kleinen, 25 000 Jahre alten Statue, an die ein schönes Denkmal im Ort erinnert. In *Spitz* angelangt, sollten Sie erneut die Steigung nicht scheuen und hinauf zum *Roten Tor*, dem Wahrzeichen der Weingemeinde, radeln. Hier, wo sich zur Zeit der Schwedenkriege das alte Nordtor vom Blut der kämpfenden Bürger und Landsknechte rot färbte, liegt eine der besten Wachauer Weinrieden, und es erschließt sich ein prächtiger Ausblick. Über *St. Michael* mit der hübschen Pfarrkirche und dem romanischen Karner gelangt man nach *Weißenkirchen*, der größten Weinbaugemeinde der Wachau. Direkt am Wachauradweg liegt hier in der Ortsmitte der sehenswerte *Teisenhoferhof*, in dem das *Wachaumuseum (April bis Okt. tgl. 10–17 Uhr, Eintritt 1,5 Euro)* Werke von Wachauer Malern, ein altes Kelterhaus und eine kunstvoll geschnitzte barocke Weinpresse zeigt. Als Höhepunkt jeder Wachautour gilt ein Besuch der Kuenringerstadt *Dürnstein,* in der Autos und Mopeds verboten, aber Fahrräder erlaubt sind. Im Schatten der zur Ruine verfallenen alten Kuenringerfestung, in der einst König Richard Löwenherz gefangen gehalten wurde, verläuft der Weg vorbei an Malerwinkel, Wasserstadt, Baderhaus, Prangerplatz, Chorherrenstift und Klosterkeller, bis am anderen Ende des Ortes die Stadtmauern wieder verlassen werden und in der Ferne, umgeben von den Loibener Weingärten, das *Franzosendenkmal* in Sicht kommt. Es erinnert an die napoleonischen

Kriege. Bei *Krems,* das streng genommen nicht mehr zur Wachau gehört, geht es erneut über die Donaubrücke zum »anderen Ufer« der Wachau – eine ideale Strecke für Radfahrer, die dem Autoverkehr, der sich für gewöhnlich am linken Ufer dahinwälzt, entgehen wollen. Hinter der alten Römerstadt *Mautern* bildet das auf einem hohen Felsen gelegene *Stift Göttweig* erneut eine Herausforderung. Der Schweiß wird mit zahlreichen Kunstschätzen und einem unvergleichlichen Ausblick von der Stiftsterrasse vergolten. Wer hier noch nicht genug gestrampelt ist, der kann ein paar Kilometer weiter westlich bei Aggsbach Dorf in den Weg zur wildromantischen *Ruine Aggstein* abbiegen und da-

Radwandern an der Donau – bei Abstechern geht's auch mal bergauf

bei noch einige Kalorien verbrennen, die er sich in der Burgschänke oder abends beim Heurigen (ein heißer Tipp ist der *Hick* in Oberarnsdorf) wieder zurückholen kann. Wenn dann schließlich das auf einem schroffen Felsen direkt über der Donau gelegene *Schloss Schönbühel* hinter einem liegt, sollte man die Tour nicht zu Ende gehen lassen, ohne kurz vor Melk in das Seitental nach *Mauer* einzubiegen. Hier birgt die Marienkirche den herrlichen Lindenholzaltar (1510) aus der Schule von Veit Stoß. Zurück in Melk, können sich entkräftete Radwanderer im Landgasthof *Stadt Melk* am Hauptplatz mit verfeinerter Regionalküche stärken. Wer sich vorher erfrischen möchte, bucht hier am besten gleich ein Zimmer *(Tel. 02752/ 524 75, Fax 524 75 19, €€€)*. Radler, die mit dem Zug weiterfahren möchten, können dies ab Melk tun. *Die Österreichischen Bundesbahnen bieten günstige Kombinationstarife an (eine Teilstrecke mit einem Leihrad, weiter mit der Bahn; Leihgebühr: bei Kauf einer Fahrkarte am selben Tag 3,5 Euro pro Tag, sonst 7 Euro pro Tag). Fahrradverleihstellen gibt es auch an allen Schiffsstationen der Wachau (11 Euro pro Tag).*

MIT DEM RAD ODER ZU FUSS DURCH DIE PUSZTA

Dauer: gemütliche Tagestour, Länge: 22 km. Ebene Fuß- bzw. Radwege, meist asphaltiert, teils mit Sand bedeckt.

(109/F 5) Dass der wahre Charakter des Burgenlandes Beschaulichkeit ist, wird nirgendwo so deutlich wie am *Neusiedler See* und der östlich davon gelegenen Seenplatte. Dieser Landstrich, auch *Seewinkel* genannt, zählt zu den letzten Naturparadiesen dieser Welt. Unzählige glaubersalzhaltige Lacken, Seen und Teiche tauchen die Steppenlandschaft in ein zartblaues Pastell und bieten den idealen Lebensraum für seltene Vogelarten, die hier mit dem Feldstecher oder auch ganz aus der Nähe zu beobachten sind. Mit etwas Glück bekommen Sie Flussregenpfeifer, Säbelschnäbler,

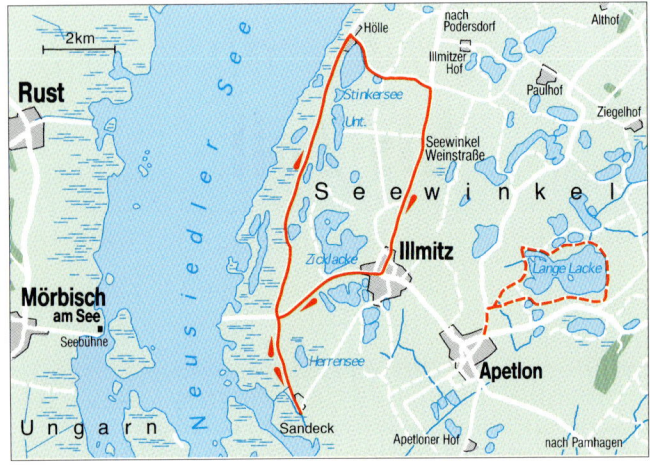

Großtrappen und Heideschnecken zu Gesicht – allerdings nur, wenn Sie sich so früh wie möglich auf den Weg machen. Wanderer wie Radfahrer starten die Tour in *Illmitz*, das für seine Fauna und vor allem für seine grandiosen Süßweine berühmt ist. So ist etwa das Weingut der Familien Kracher *(Weinlaubenhof, Apetlonerstr. 37)* dank seiner Prädikatsweine selbst Weinfreaks in Übersee ein Begriff. Richtung Süden geht es zunächst zum *Sandeck*, einer kleinen Halbinsel an der ungarischen Grenze, die keilförmig in den Schilfgürtel des Neusiedler Sees hineinragt. Wenn man, vom Sandeck zurück, den *Herrensee* und die *Zicklacke* passiert hat, laden Pusztaziehbrunnen und gut ausgebaute Vogelbeobachtungstürme zum Rasten ein, ehe man sich in Richtung *Oberer und Unterer Stinkersee* wieder auf den Weg macht. Diese beiden Seen liegen inmitten von Sodaschneefeldern auf mineralischen Böden, die mit so seltenen Pflanzen wie Salzkresse

oder Salzaster bewachsen sind. Vielleicht ist gerade eine Graugans zu sehen, die hier einen ihrer liebsten Brutplätze unterhält. Die Bevölkerung des Seewinkels nennt die Salzwüste »Hölle« und wundert sich über den Enthusiasmus, mit dem manche Besucher hier mitten im Salz picknicken, anstatt sich in einem der nahen Gasthöfe entlang der *Seewinkler Weinstraße* mit Steckerlfischen, Pusztaspießen und Seewinkelweinen verwöhnen zu lassen. Wer einmal diese Weinstraße erreicht hat, der kann sich auch nicht mehr verlaufen: Sie führt direkt nach Illmitz zurück. Noch ein Tipp für Naturliebhaber, denen fünf Stunden Gehzeit zu lange sind: Eine überschaubare, aber deshalb nicht weniger faszinierende Wanderroute beginnt in *Apetlon* und führt geradewegs auf die weltberühmte *Lange Lacke* zu, also den Punkt des Seewinkels, wo sich die meisten Zugvogelrouten kreuzen. Man umrundet die Lacke in etwa drei Stunden.

Von Anreise bis Zoll

Hier finden Sie kurz gefasst die wichtigsten Adressen und Informationen für Ihre Österreich-Reise

ANREISE

✈ Tägliche Verbindungen nach Österreich werden ab Zürich sowie fast allen deutschen Großstädten von Austrian Airlines, Lufthansa und Swissair angeboten. Zielflughäfen sind vor allem Wien, Salzburg, Graz, Linz und Klagenfurt. Innsbruck wird auch von den lokalen Tyrolean Airways angeflogen. Die Flugzeit von Frankfurt/M. nach Wien beträgt ca. 1½ Stunden. In der Touristenklasse gibt es Hin- und Rückflüge z.B. von Frankfurt/M. nach Wien saisonabhängig schon ab 300 Euro (es lohnt, nach Reisespecials zu fragen).

 Österreich ist durch internationale Zugverbindungen (Eurocity) bestens erschlossen. Von München nach Wien fährt der Zug etwa 5 Stunden. Eine ICE-Rückfahrkarte von Berlin nach Wien kostet rund 340 Euro. Mit dem Österreich-Sparpreis kommt man mit ca. 165 Euro aus. Von sechs deutschen Städten gibt es diverse Autoreisezug-Verbindungen nach Innsbruck und Salzburg bzw. nach Villach. Die Strecke von Hamburg nach Innsbruck beispielsweise kostet mit Schlafwagenabteil je nach Saison hin und zurück zwischen ca. 600 und 1050 Euro.

Ostösterreich und Tirol erreicht man am besten über die Autobahnen von München über Rosenheim nach Salzburg (A 8) bzw. Kufstein (A 93). Nach Vorarlberg empfiehlt sich die Route von Ulm über Memmingen (A 7) nach Lindau (A 96). Die Hauptverkehrsader nach Wien ist die Westautobahn ab Salzburg. Die Südautobahn führt von Wien über Graz nach Klagenfurt und Villach. Villach ist auch über die Tauernautobahn ab Salzburg erreichbar. Die Autobahnen in Österreich sind mautpflichtig. Die Jahresvignette für PKW kostet 73 Euro, eine Touristenvignette für zwei Monate 22 Euro, für 10 Tage 7,5 Euro. Mautpflicht besteht auch auf zahlreichen Berg- und Panoramastraßen sowie einigen wichtigen Durchfahrtsrouten wie etwa der Gerlospassstraße, der Brennerautobahn oder der Felbertauernstraße.

AUSKUNFT

Österreich
Urlaubsinformation Österreich Margarethenstr. 1, A-1040 Wien, Tel. 01/587 20 00, Fax 588 66 48, www.tourist-net.co.at, www.tiscover.com, wwwaustria-tourism.at

Deutschland
Österreich-Information Rotwandweg 4, D-82024 Taufkirchen bei München, Tel. 089/66 67 01 00, Fax 66 67 02 00

Schweiz
Österreich-Information Zweierstrasse 146, Wiedikerhof, CH-8036 Zürich, Tel. 01/451 15 51, Fax 451 11 80

AUTO

Autobahnen sind mautpflichtig. Die Jahresvignette für Pkw kostet 1000 ÖS (73 Euro), eine Touristenvignette für zwei Monate 300 ÖS (22 Euro), für 10 Tage 105 ÖS (7,5 Euro). Vignetten sind an Tankstellen im Grenzgebiet, in Tabakläden, bei der Post und bei Automobilclubs erhältlich. Die Vignette muss gut sichtbar direkt auf der Windschutzscheibe befestigt sein!
Informationen für Autofahrer erteilt der Österreichische Automobil- und Touring-Club (Tel. 01/71 19 90, www.oeamtc.at).
Pannendienste: ÖAMTC/Europanotruf: 120; ARBÖ: 123
Reisenotruf: 01/895 60 60
Wenn nicht anders angegeben, herrscht in Österreich auf Bundesstraßen ein *Tempolimit* von 100 km/h, auf Autobahnen von 130 km/h, in Ortschaften von 50 km/h. Die *Promillegrenze* liegt bei 0,5. In »Blauen Zonen« darf – wenn nicht, wie in vielen größeren Städten, anders angegeben – zwischen 30 Min. und drei Stunden kostenlos geparkt werden.

BAHN

Platzreservierungen über Reisebüros sowie an den Bahnhöfen oder telefonisch bis 24 Stunden vor Fahrtantritt beim Bahnservice in Österreich (Tel. 05 17 17). Die zentrale Zugauskunft ist rund um die Uhr unter derselben Nummer erreichbar.

BANKEN UND GELD

Im Allgemeinen gelten in Österreich für Banken folgende Öffnungszeiten: *Mo–Fr 8–12.30 und*

13.30–15.30 Uhr, Do nachmittags bis 17 Uhr. Bis Ende 2001 wird noch in österreichischen Schillingen bezahlt (1 ÖS = 100 Groschen). Wer nicht so viel Bargeld mit sich tragen möchte, kann an einem der zahlreichen Bankomaten Geld abheben oder mit Eurocheques zahlen (entlegene Bergbauerngebiete vielleicht ausgenommen). Gängige Kreditkarten (American Express, Diners, Euro/Master oder Visa) werden in den meisten Tourismusbetrieben akzeptiert. Ein Blick auf die entsprechenden Aufkleber am Eingang ist jedoch ratsam, speziell bei kleineren, bäuerlichen Betrieben.

BUS

Zentrale Busauskunft (Bahn- und Postbus): *Tel. 01/711 01*

CAMPING

Österreich bietet eine perfekte Infrastruktur an Campingplätzen, die sich fast immer in landschaftlich besonders ansprechender Lage befinden, was darüber hinwegtröstet, dass wildes Campen hier zu Lande nicht erlaubt ist. Vorsicht, wenn Sie mit dem Wohnwagen reisen: Viele Bergstraßen sind für Sie nicht benutzbar. Bitte informieren Sie sich vorher bei den Automobilclubs! Weitere Informationen erteilt die Urlaubsinformation Österreich (siehe *Auskunft*). Dort sind auch Prospekte und eine Campingkarte erhältlich.

DIPLOMATISCHE VERTRETUNG

Deutsche Botschaft
Metternichgasse 3, 1030 Wien, Tel. 01/711 54-0 (Konsulate gibt es auch in Bregenz, Eisenstadt, Graz, Innsbruck, Klagenfurt, Linz und Salzburg.)

Schweizer Botschaft
Prinz-Eugen-Str. 7–9, 1030 Wien, Tel. 01/795 05-0 (Ein Konsulat gibt es auch in Bregenz.)

EINREISE

Reisepass oder Personalausweis. Eine Kontrolle findet an den deutsch-österreichischen Grenzübergängen normalerweise jedoch nicht statt.

EURO

Bei Redaktionsschluss waren noch nicht alle Euro-Preise festgesetzt. Wir haben die Preise deshalb in manchen Fällen auf- bzw. abgerundet. In der nächsten Auflage finden Sie wieder wie gewohnt die exakten Preise.

FAHRRADVERLEIH

Viele österreichische Städte und Ortschaften verfügen über Fahrrad- und Mountainbike-Verleihe. Die Österreichischen Bundesbahnen bieten einen speziellen Service für kombinierte Bahn-Rad-Touren mit Fahrradverleih am Bahnhof an.

GESUNDHEIT

Ohne gültigen Auslandskrankenschein Ihrer Krankenkasse muss die Behandlung zunächst bezahlt werden. Die Rechnung reichen Sie dann Ihrer Kasse zur Erstattung ein. *Apotheken sind Mo–Fr 8–12 und 14–18, Sa 8–12 Uhr geöffnet. Der Ärztenotdienst hat die Nummer 141, die Rettung 144.*

HAUSTIERE

Für Hunde und Katzen ist ein tierärztliches Gesundheitszeugnis mit aktuellem Tollwutimpfnachweis erforderlich.

KINDER- UND FAMILIENHOTELS

Dem steigenden Bedürfnis entsprechend gibt es in Österreich eine Fülle von kinder- und familiengerechten Unterkünften. Die kostengünstigsten sind Urlaub auf dem Bauernhof oder ein eigenes Apartment. Komfortabler sind die zahlreichen familienfreundlichen Pensionen und Hotels, deren Adressen über die Tourismusbüros zu erfragen sind. Für ganz Österreich erhält man über die Österreich Werbung Auskunft (*Tel. 01/58 86 62 62, www. austria-tourism.at/urlaubsspezialisten* mit Link *kinder hotels* oder *familienappartements in Österreich* sowie über Links bei *www.tiscover.at*).

MIETWAGEN

In allen größeren Städten gibt es Mietwagenfirmen, u.a. Avis, Hertz, Mosel-Union. Ein Mittelklassewagen kostet pro Tag incl. Versicherung und unbegrenzter Kilometerzahl um die 50 Euro.

POST

Eine Postkarte ins Ausland muss mit ÖS 6, ein Brief mit ÖS 7 (je ca. 0,5 Euro) freigemacht werden.

SKISPORT

In nahezu allen Bundesländern Österreichs lässt sich – je nach Gebirgslage – Skisport in allen Facetten und Schwierigkeitsgraden betreiben. Während Langlauf noch ein Gratisvergnügen darstellt, ist das Liftfahren (je nach Exklusivität der Anlage) schon recht kostspielig. Erkundigen Sie sich deshalb schon vor der Buchung über günstige Kombiangebote (Skipässe, Familienkarten, Gästeermäßigungen für kombinierte Skischaukeln etc.) die in allen Urlaubsgebieten angeboten werden. Über Schneelagen bzw. Lawinenwarnungen informieren neben regionalen Radio- und TV-Sendern die örtlichen Schneetelefone sowie folgende Websites: *www.alpenverein. at/alpin-info, www.lawine.at.*

TELEFON

Seit auch in Österreich private Telefonanbieter boomen, die zu unterschiedlichen Zeiten gestaffelte Tarife anbieten, ist eine allgemeine Angabe des Telefonpreises nicht mehr möglich. Am besten telefonieren Sie mit Telefonkarte von einer öffentlichen Telefonzelle. Inlandsgespräche sind zwischen 18 und 8 Uhr sowie am Wochenende billiger. In Hotels sind Aufschläge um bis das Dreifache durchaus üblich.

Vorwahl von Österreich aus nach Deutschland 0049, in die Schweiz 0041, Vorwahl nach Österreich 0043, dann jeweils Ortsvorwahl ohne Null wählen

TRINKGELD

Da die Löhne der Kellner und Kellnerinnen nach wie vor meist auf die Trinkgeldwirtschaft abgestimmt sind, empfiehlt es sich, eine zufrieden stellende Bedienung mit etwa fünf bis zehn Prozent des Betrages zu belohnen.

WANDERN UND BERGSTEIGEN

In den Alpen kann das Wetter mitunter rasch umschlagen – von strahlender Sonne zu einem stürmischen Gewitter. Gutes Schuhwerk, Regenschutz, Wanderkarte sowie ein kleines Notfallpakt sind daher unerlässlich. Gehen Sie nur auf markierten Routen. Achten Sie auch auf Ratschläge der Einheimischen, oder informieren Sie sich beim örtlichen Tourismusverband. Auskünfte über das Wanderwetter erteilen die Sektionen des Österreichischen Alpenvereins (Zentrale: *Tel. 0512/595 47*) und der Naturfreunde. Im Internet erhalten Sie unter *www.alpenverein.at/alpin-info* alle nötigen Informationen über Wetter, Hütten, Schneelage und Lawinenwarnungen.

ZOLL

Es gelten die EU-Zollbestimmungen; folgende Mengenbeschränkungen bei Waren für den persönlichen Gebrauch sind zu beachten: 800 Zigaretten, 10 l Spirituosen und 90 l Wein. Für Schweizer gelten drastisch reduzierte Freimengen. In Nicht-EU-Ländern erworbene Waren müssen beim Zoll gemeldet werden, viele sind abgabenfrei, sofern sie aus einem Land stammen, mit dem die EU ein Freihandelsabkommen geschlossen hat.

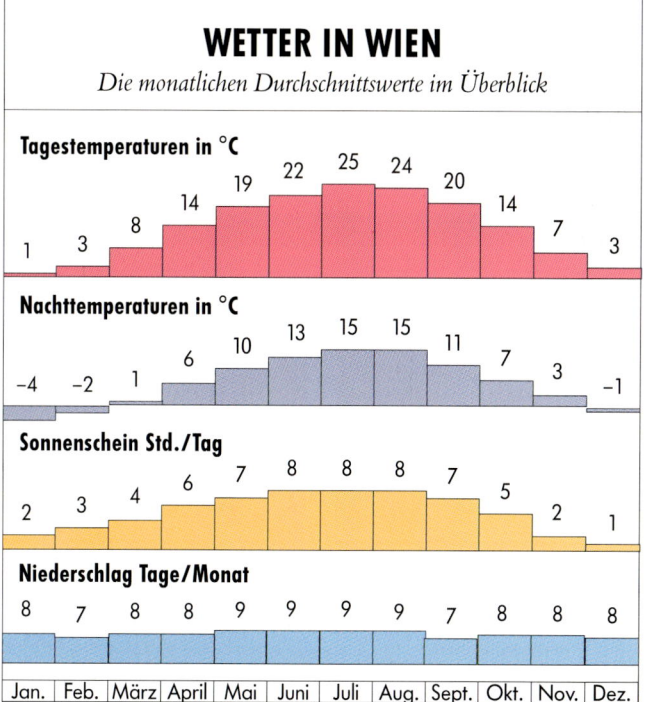

WETTER IN WIEN
Die monatlichen Durchschnittswerte im Überblick

Tagestemperaturen in °C
1 · 3 · 8 · 14 · 19 · 22 · 25 · 24 · 20 · 14 · 7 · 3

Nachttemperaturen in °C
−4 · −2 · 1 · 6 · 10 · 13 · 15 · 15 · 11 · 7 · 3 · −1

Sonnenschein Std./Tag
2 · 3 · 4 · 6 · 7 · 8 · 8 · 8 · 7 · 5 · 2 · 1

Niederschlag Tage/Monat
8 · 7 · 8 · 8 · 9 · 9 · 9 · 9 · 7 · 8 · 8 · 8

| Jan. | Feb. | März | April | Mai | Juni | Juli | Aug. | Sept. | Okt. | Nov. | Dez. |

Bloß nicht!

An Gefahren und Touristenfallen mangelt es im Fremdenverkehrsparadies Österreich nicht. Man kann ihnen aber ausweichen

Naturschutz missachten

Da weite Teile Österreichs unter strengem Pflanzenschutz stehen, empfiehlt es sich, beim zuständigen Fremdenverkehrs- oder Gemeindeamt Informationen einzuholen, welche Pflanzen man legal pflücken darf. Auch für Schwammerlsucher, die mehr als nur einen kleinen Eigenbedarf im Körbchen führen und sich damit dem Verdacht des gewerbsmäßigen Schwammerlsuchens aussetzen, gelten regional unterschiedliche, zum Teil aber sehr strenge Bestimmungen. Die Strafen können ganz schön saftig ausfallen.

Schunkeln und Almgaudi

Ob beim Heurigen in Grinzing oder auf der Tiroler Alm: Bewahren Sie sich eine gesunde Skepsis, wo immer sie allzu viel grünes Neonlicht, allzu lange Tische und Schilder »Hüttengaudi«, »Kaminabend« oder »Almparty« sehen. Sie können vor allem bedeuten, dass es laut und teuer wird, es sich aber kaum um echte Folklore, sondern um echten Nepp handelt.

Leichtsinn im Gebirge

Auch wenn sie noch so romantisch aussehen mag: Die Bergwelt kann »Sonntagsbergsteigern« im Turnschuh-Outfit sehr gefährlich werden. Zur Sicherheit sollten Sie festes Schuhwerk tragen und selbst bei schönem Wetter Regenschutz und Pullover mitnehmen. Sinnvoll sind auch Wanderkarte und Verbandszeug. Ungeübte sollten schwierige Gipfel auf jeden Fall nur in Begleitung eines geprüften Bergführers – solche gibt es in praktisch allen Hochgebirgsgemeinden – erklimmen.

Telefonnepp

Telefonieren ist in Österreich an sich schon teurer als anderswo. Hier ist es allerdings auch üblich, dass Hoteliers, gesetzlich leider durchaus gedeckt, den doppelten, meist sogar dreifachen Preis für jedes vom Zimmer aus geführte Telefongespräch verrechnen dürfen. Erkundigen Sie sich also bitte vorher an der Rezeption, zu welchem Tarif die Telefoneinheit verrechnet wird. Es kann Ihnen sonst passieren, dass Sie für ein mittellanges Gespräch mit Zuhause von Kufstein nach Rosenheim 50 Euro und mehr bezahlen. Unser Tipp: Es ist wesentlich kostengünstiger, aus der Telefonzelle oder direkt auf der Post zu telefonieren.

Reiseatlas
Österreich

*Die Seiteneinteilung für den Reiseatlas finden Sie
auf dem hinteren Umschlag dieses Reiseführers*

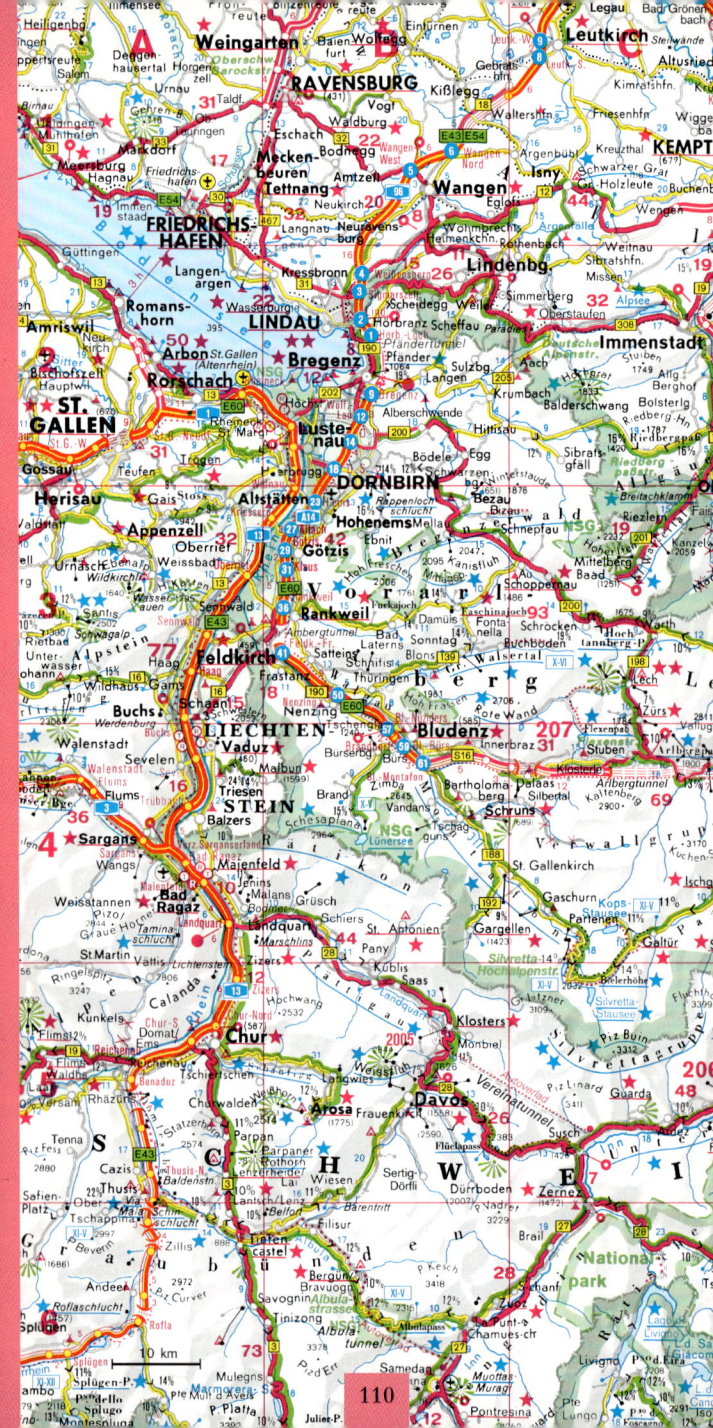

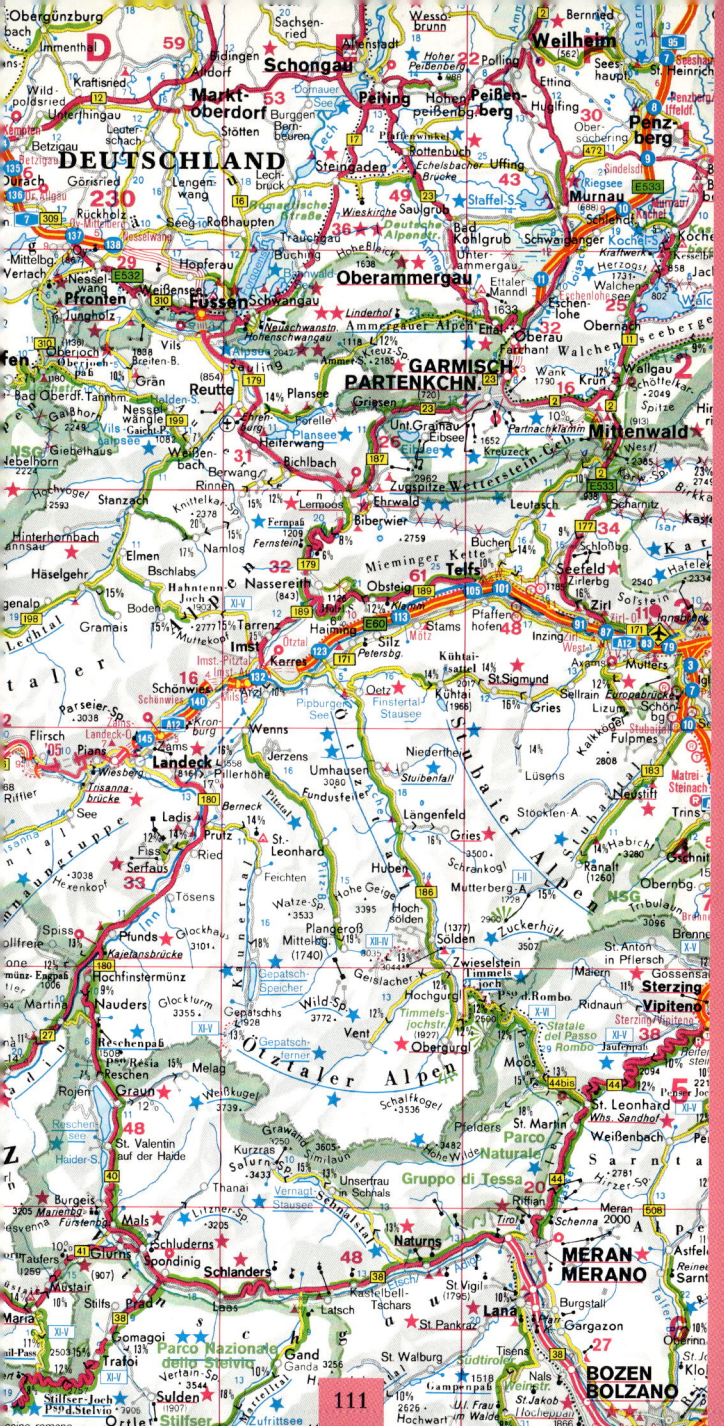

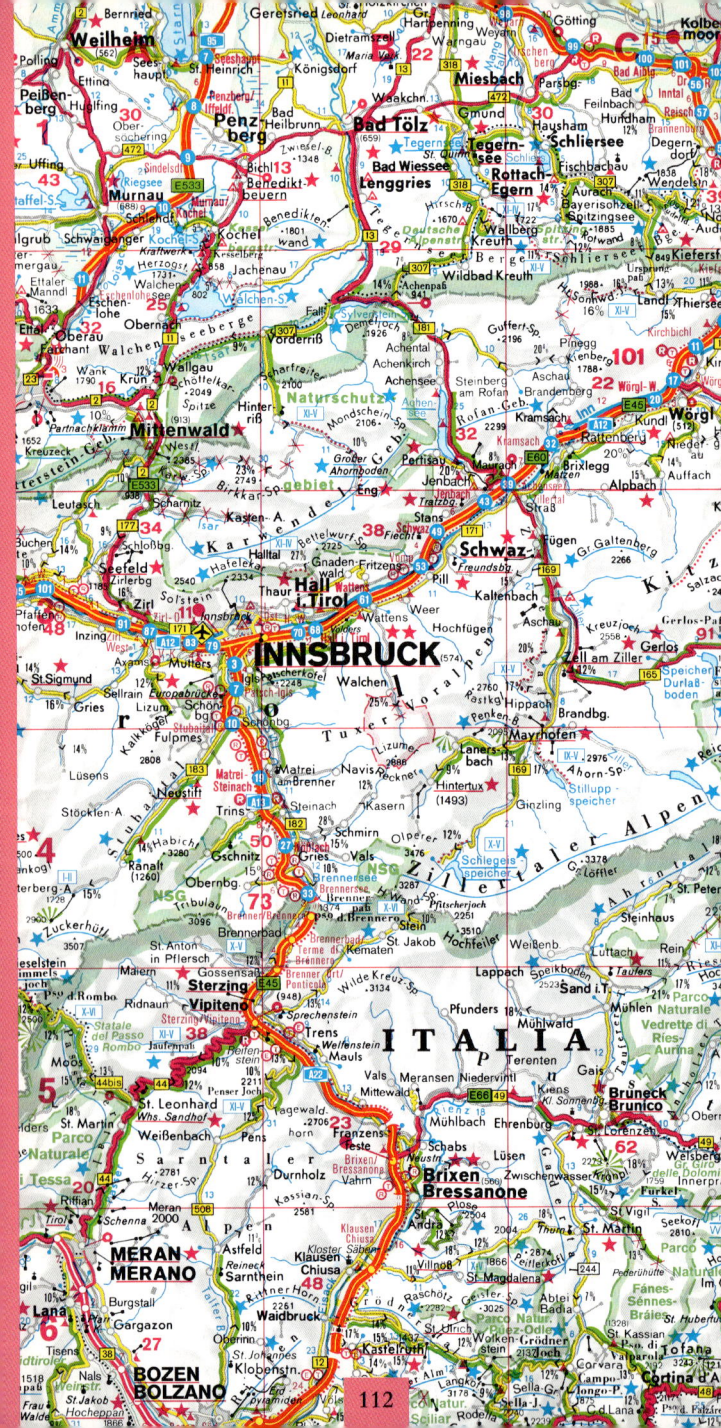

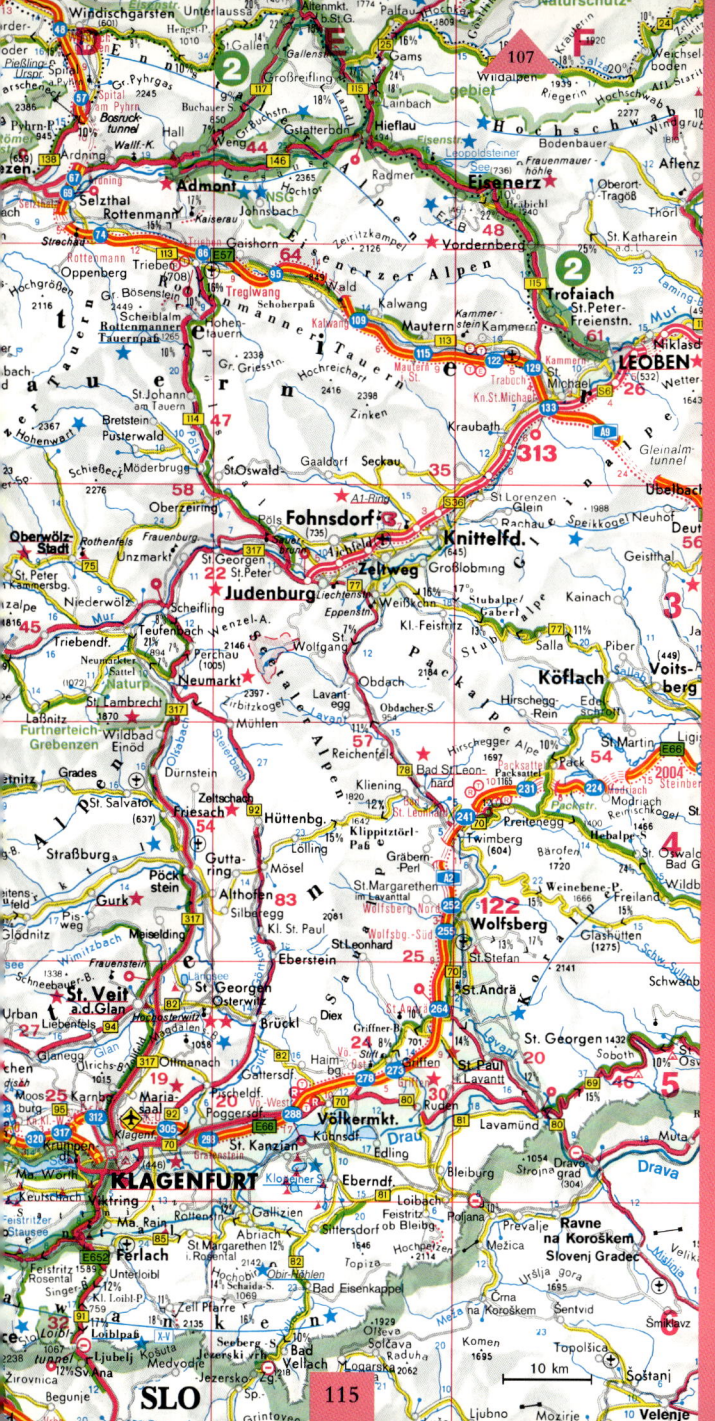

LEGENDE REISEATLAS

Autobahn mit Anschlussstelle Motorway with junction	
Autobahn in Bau Motorway under construction	
Autobahn in Planung Motorway projected	
Raststätte mit Übernachtungsmöglichkeit Roadside restaurant and hotel	
Raststätte ohne Übernachtungsmöglichkeit Roadside restaurant	
Erfrischungsstelle, Kiosk Snackbar, kiosk	
Tankstelle, Autohof Filling-station, Truckstop	
Autobahnähnliche Schnellstraße mit Anschlussstelle Dual carriage-way with motorway characteristics with junction	
Straße mit zwei getrennten Fahrbahnen Dual carriage-way	
Durchgangsstraße Thoroughfare	
Wichtige Hauptstraße Important main road	
Hauptstraße Main road	
Sonstige Straße Other road	
Fernverkehrsbahn Main line railway	
Bergbahn Mountain railway	
Autotransport per Bahn Transport of cars by railway	
Autofähre Car ferry	
Schifffahrtslinie Shipping route	
Landschaftlich besonders schöne Strecke Route with beautiful scenery	
Touristenstraße Tourist route	
Straße gegen Gebühr befahrbar Toll road	
Straße für Kraftfahrzeuge gesperrt Road closed to motor traffic	
Zeitlich geregelter Verkehr Temporal regulated traffic	
Bedeutende Steigungen Important gradients	

Kultur
Culture

★★ **PARIS**
★★ *la Alhambra*
Eine Reise wert
Worth a journey

★ **TRENTO**
★ *Comburg*
Lohnt einen Umweg
Worth a detour

Landschaft
Landscape

★★ **Rodos**
★★ *Fingal's cave*
Eine Reise wert
Worth a journey

★ **Korab**
★ *Jaskinia raj*
Lohnt einen Umweg
Worth a detour

Besonders schöner Ausblick
Important panoramic view

Nationalpark, Naturpark
National park, nature park

Sperrgebiet
Prohibited area

4807 ▲ Bergspitze mit Höhenangabe in Metern
Mountain summit with height in metres

(630) Ortshöhe
Elevation

Kirche
Church

Kirchenruine
Church ruin

Kloster
Monastery

Klosterruine
Monastery ruin

Schloss, Burg
Palace, castle

Schloss-, Burgruine
Palace ruin, castle ruin

Denkmal
Monument

Wasserfall
Waterfall

Höhle
Cave

Ruinenstätte
Ruins

Sonstiges Objekt
Other object

Jugendherberge
Youth hostel

Badestrand · Surfen
Bathing beach · Surfing

Tauchen · Fischen
Diving · Fishing

Verkehrsflughafen
Airport

Regionalflughafen · Flugplatz
Regional airport · Airfield

10 km

REGISTER

In diesem Register finden Sie alle beschriebenen Orte und Ausflugsziele.
Halbfette Seitenzahlen verweisen auf den Haupteintrag, kursive auf ein Foto.

Was bekomme ich für mein Geld?

 Eine Mark müssen Sie mit ungefähr 7 Schilling, einen Schweizer Franken etwa mit 8 Schilling gegenrechnen (1 Euro = ca. 14 Schilling). Studenten mit gültigem Ausweis erhalten in den öffentlichen Museen, auf der Bahn und auch in manchen Theatern und Konzerten Ermäßigungen.

Das Bahnfahren für Familien mit Kindern ist verbilligt.

Vorsicht: Ein Cola oder ein Bier kann am Kiosk eines beliebten Aussichtspunktes mehr kosten als in einem Luxushotel. Alkoholfreie Getränke, vor allem auch Mineralwasser, sind in der österreichischen Gastronomie unverhältnismäßig teuer. Ein Glas Limonade oder Mineralwasser kann mit einem Betrag zwischen 2 und 3,5 Euro zu Buche schlagen, für das Krügel Bier (halber Liter) muss man zwischen 1,5 und 3 Euro rechnen.

Beim Wein ist zwischen offenem Schankwein – ein Viertelliter kostet circa 1,5–3 Euro – und glasweise ausgeschenktem Bouteillenwein zu unterscheiden, wo das Glas (ein Achtelliter) auch schon einmal 5 bis 6 Euro kosten kann.

Relativ teuer sind alle Arten von Fiaker- oder Pferdeschlittenfahrten. 70 Euro für eine kleine Ausfahrt sind durchaus üblich. Auch die Kosten für Skischule oder Bergführer sollte man nicht unterschätzen.

Euro	DM	öS
1	1,96	13,76
3	5,87	41,28
4	7,82	55,04
5	9,78	68,80
7	13,69	96,32
9	17,60	123,84
50	97,79	688,02
100	195,58	1.376,03

öS	DM	Euro
10	1,42	0,73
30	4,26	2,18
40	5,69	2,91
50	7,11	3,63
70	9,95	5,09
90	12,79	6,54
500	71,07	36,34
1000	142,14	72,67

Seit 1999 gelten bis zur endgültigen Einführung des Euro die oben stehenden Kurse. Sie sind keinen Schwankungen mehr unterworfen.